Papst Johannes Paul II.
Über das göttliche Erbarmen

Papst Johannes Paul II.

Über das göttliche Erbarmen

Enzyklika „Dives in Misericordia"

Johannes-Verlag Leutesdorf

Zweite Auflage 1981

Mit kirchlicher Druckerlaubnis

Der vorliegende Text gibt die deutsche Übersetzung des Sekretariats der Deutschen Bischofskonferenz wieder.

Gesamtherstellung: Druckerei des Johannesbundes e.V.
D-5451 Leutesdorf am Rhein

ISBN 3-7794-0790-6

Zu beziehen durch die **KSM**
Katholische Schriften-Mission, D-5451 Leutesdorf

ENZYKLIKA
DIVES IN MISERICORDIA
SEINER HEILIGKEIT
PAPST JOHANNES PAUL II.

VEREHRTE BRÜDER!
LIEBE SÖHNE UND TÖCHTER!
GRUSS UND APOSTOLISCHEN SEGEN!

I.
Wer mich sieht, sieht den Vater
(vgl. Joh 14, 9)

1. Die Offenbarung des Erbarmens

„Gott ..., der voll Erbarmen ist“[1], wurde uns von Jesus Christus als Vater geoffenbart: sein Sohn selbst hat ihn uns in sich kundgetan und kennengelehrt[2]. Denkwürdig ist die Szene, da Philippus, einer der zwölf Apostel, sich an Jesus wandte mit der Bitte: „Herr, zeig uns den Vater, das genügt uns“, und die Antwort bekam: „Schon so lange bin ich bei euch, und du hast mich nicht erkannt ...? Wer mich gesehen hat, hat den Vater gesehen“[3]. Diese Worte wurden während der Abschiedsreden gesprochen, am Ende des Ostermahles, dem dann die Ereignisse jener heiligen Tage folgten, in denen es sich ein für allemal erwiesen hat, daß „Gott ..., der voll Erbarmen ist, ... uns, die wir infolge unserer Sünden tot waren, in seiner großen Liebe, mit der er uns geliebt hat, zusammen mit Christus wieder lebendig gemacht hat“[4].

Im Anschluß an die Lehren des Zweiten Vatikanischen Konzils und im Blick auf die besonderen Erfordernisse unserer Zeit habe ich die Enzyklika *Redemptor Hominis* der Wahrheit über den Menschen gewidmet, die uns in ihrer Fülle und Tiefe in Christus offenbar wird. Ein nicht weniger gewichtiges Erfordernis unserer ernsten und keineswegs leichten Zeit drängt mich dazu, mich noch einmal in das Geheimnis Christi zu versenken, um in ihm das Antlitz des Vaters zu entdecken, der der „Vater des Erbarmens und der Gott allen Trostes“[5] ist. In der Konstitution *Gaudium et Spes* lesen wir: „Christus, der neue Adam, macht ... dem Menschen den Menschen selbst voll kund und erschließt ihm seine höchste Berufung“, und er tut dies eben *„in der Offenbarung des Geheimnisses des Vaters und seiner Liebe“*[6]. Diese Worte bezeugen sehr klar, daß der Mensch in der vollen Würde seiner Natur nicht dargestellt werden kann ohne einen — nicht nur theoretischen, sondern ganzheitlich existentiellen — Bezug auf Gott. Der Mensch und seine höchste Berufung werden in Christus *durch* die Offenbarung des Geheimnisses des Vaters und seiner Liebe offenbar.

Sich diesem Geheimnis zuzuwenden, wird von vielfachen Erfahrungen der Kirche und des zeitgenössischen Menschen nahegelegt; es wird auch von den notvollen Rufen so vieler Menschenherzen, von ihren Leiden und Hoffnungen, ihren Ängsten und Erwartungen gefordert. Wenn es zutrifft, daß in gewissem Sinne jeder Mensch der Weg der Kirche ist — wie ich es in der Enzyklika *Redemptor Hominis* ausgesprochen habe —, dann sagen uns das Evangelium und die gesamte Tradition zugleich, daß wir *diesen Weg* mit jedem Menschen so gehen müssen, *wie Christus ihn vorgezeichnet hat*, indem er in sich selbst den Vater und dessen Liebe offenbarte[7]. In

Jesus Christus ist jeder Weg zum Menschen — der Kirche ein für allemal im wechselvollen Bild der Zeiten aufgegeben — gleichzeitig ein Weg, der zum Vater und zu seiner Liebe führt. Das Zweite Vatikanische Konzil hat diese Wahrheit auf unsere Zeit hin neu bekräftigt.

Je mehr sich die Sendung der Kirche auf den Menschen konzentriert, je mehr sie sozusagen anthropozentrisch ist, desto mehr muß sie sich als theozentrisch erweisen und es in Wirklichkeit sein, sich also in Jesus Christus auf den Vater ausrichten. Während verschiedene Geistesströmungen in der Vergangenheit und der Gegenwart dazu neigten und neigen, Theozentrik und Anthropozentrik voneinander zu trennen und sogar in Gegensatz zueinander zu bringen, bemüht sich die Kirche, darin Christus folgend, deren organische, tiefe Verbindung in die Geschichte des Menschen einzubringen. Das ist auch ein Grundgedanke, vielleicht sogar der wichtigste, in der Lehre des letzten Konzils. Wenn wir also in der gegenwärtigen Phase der Kirchengeschichte unsere erste Aufgabe darin sehen, *die Lehre des großen Konzils zu verwirklichen,* so müssen wir uns diesem Grundgedanken mit Glauben, offenem Geist und mit dem Herzen zuwenden. Schon in meiner vorhin erwähnten Enzyklika habe ich versucht hervorzuheben, daß die Vertiefung und vielfache Bereicherung des Wissens um die Kirche — eine Frucht des Konzils — unseren Geist und unser Herz für Christus selbst weiter auftun müssen. Heute möchte ich sagen, daß diese Öffnung auf Christus hin — der als Erlöser der Welt dem Menschen den Menschen voll offenbart — sich nur vollziehen kann in einer immer reiferen Beziehung zum Vater und zu seiner Liebe.

2. Die Inkarnation des Erbarmens

Gott, „der in unzugänglichem Licht wohnt“[8], spricht zugleich zum Menschen durch die Sprache des Universums: „Seit Erschaffung der Welt wird seine unsichtbare Wirklichkeit an den Werken der Schöpfung mit der Vernunft wahrgenommen, seine ewige Macht und Gottheit“[9]. Diese indirekte und unvollkommene Erkenntnis — ein Werk des Verstandes, der Gott durch Vermittlung der Geschöpfe sucht, ausgehend von der sichtbaren Welt — ist noch kein „Sehen des Vaters“. „Niemand hat Gott je gesehen“, schreibt der heilige Johannes, um jener Wahrheit besonderen Nachdruck zu verleihen, daß „Er, der Einzige, der Gott ist und am Herzen des Vaters ruht, (ihn) kundgemacht hat“[10]. Diese „Kundmachung“ offenbart Gott im unauslotbaren Geheimnis seines einen und dreifaltigen Seins, das von „unzugänglichem Licht“[11] umgeben ist. Doch erkennen wir Gott durch die „Kundmachung“ Christi vor allem in seiner liebenden Zuwendung zum Menschen, in seiner „Menschen-Freundlichkeit“[12]. Gerade hier wird seine „unsichtbare Wirklichkeit“ auf besondere Weise „sichtbar“ in unvergleichlich höherem Maß als durch all seine anderen „Werke“:

sie wird *sichtbar in Christus und durch Christus*, durch seine Taten und seine Worte und schließlich durch seinen Kreuzestod und seine Auferstehung.
Auf diese Weise — in Christus und durch Christus — wird Gott auch in seinem Erbarmen besonders sichtbar, das heißt: jene göttliche Eigenschaft tritt hervor, die schon das Alte Testament — in verschiedenen Bildern und Ausdrucksweisen — als „*Erbarmen*" beschrieben hat. Christus gibt der gesamten alttestamentlichen Tradition vom göttlichen Erbarmen eine endgültige Bedeutung. Er *spricht* nicht nur vom Erbarmen und erklärt es mit Hilfe von Gleichnissen und Parabeln, er ist vor allem selbst eine Verkörperung des Erbarmens, stellt es in seiner Person dar. *Er selbst ist in gewissem Sinne das Erbarmen.* Für den, der es in ihm sieht — und in ihm findet—, wird Gott in besonderer Weise „sichtbar" als Vater, „der voll Erbarmen ist"[13].
Die Mentalität von heute scheint sich vielleicht mehr als die der Vergangenheit gegen einen Gott des Erbarmens zu sträuben und neigt dazu, schon die Idee des Erbarmens aus dem Leben und aus den Herzen zu verdrängen. Das Wort und der Begriff „Erbarmen" scheinen den Menschen zu befremden, der dank eines in der Geschichte vorher nie gekannten wissenschaftlichen und technologischen Fortschritts Herrscher geworden ist und sich die Erde untertan gemacht und unterjocht hat[14]. Dieses Herrschen über die Erde, das zuweilen einseitig und oberflächlich verstanden wird, scheint für das Erbarmen keinen Raum zu lassen. Es ist in diesem Zusammen-

hang lohnend, auf das Bild von der „Situation des Menschen in der heutigen Welt" zurückzugreifen, wie es am Beginn der Konstitution *Gaudium et Spes* umrissen wird. Unter anderem lesen wir dort die folgenden Sätze: „So zeigt sich die moderne Welt zugleich stark und schwach, zum Besten befähigt und zum Schlimmsten bereit. Sie hat die Wahl zwischen Freiheit und Sklaverei, Fortschritt und Rückschritt, Brüderlichkeit und Haß. Zudem weiß nun der Mensch, daß es seine Aufgabe ist, jene Kräfte, die er selbst geweckt hat und die ihn zermalmen oder ihm dienen können, richtig zu lenken"[15].

Die Lage der Welt von heute weist nicht nur Umwandlungen auf, die zur Hoffnung auf *eine bessere Zukunft des Menschen auf dieser Erde* berechtigen, sondern auch vielfache *Bedrohungen*, welche über die bisher gekannten weit hinausgehen. Die Kirche muß auf diese Bedrohungen bei entsprechenden Gelegenheiten weiterhin aufmerksam machen (wie in den Ansprachen vor der UNO, der UNESCO, der FAO und anderswo), sie aber auch im Licht der von Gott empfangenen Wahrheit durchdenken.

In Christus geoffenbart, erlaubt uns die Wahrheit über Gott, den „Vater des Erbarmens"[16], ihn dem Menschen besonders nahe zu „sehen", und zwar vor allem dann, wenn der Mensch leidet, wenn er im Kern seiner Existenz und seiner Würde bedroht ist. Das ist der Grund, warum sich in der heutigen Situation der Kirche und der Welt viele Menschen und viele Gemeinschaften, von einem lebendigen Glaubenssinn geführt, sozusagen spontan an Gottes Er-

barmen wenden. Sie werden dazu sicher von Christus selbst gedrängt, der durch seinen Geist in den Herzen der Menschen am Werk ist. Das von ihm geoffenbarte Geheimnis Gottes als des „Vaters des Erbarmens" wird vor dem Hintergrund der heutigen Bedrohung des Menschen gleichsam ein einzigartiger Appell an die Kirche.
Mit dieser Enzyklika möchte ich auf diesen Appell eingehen; ich möchte aus der zeitlosen, in ihrer Einfachheit und zugleich Tiefe unvergleichlichen Sprache der Offenbarung und des Glaubens schöpfen, um in ihr noch einmal die großen Besorgnisse unserer Zeit vor Gott und den Menschen auszusprechen.

Offenbarung und Glaube lehren uns ja nicht so sehr, abstrakt über das Geheimnis Gottes als des „Vaters des Erbarmens" nachzusinnen, sondern zu diesem Erbarmen unsere Zuflucht zu nehmen, im Namen Christi und in Einheit mit ihm. Hat er etwa nicht gesagt, daß unser Vater, „der auch das Verborgene sieht"[17], sozusagen unablässig darauf wartet, daß wir ihn in jeder Not anrufen und so immer sein Geheimnis ermessen: das Geheimnis des Vaters und seiner Liebe[18]?
So ist es mein Wunsch, daß die Überlegungen dieser Enzyklika das Geheimnis der väterlich-erbarmenden Liebe Gottes allen näher bringen und zugleich zu einem inständigen Gebet der Kirche um Erbarmen werden, das der Mensch und die Welt von heute so sehr brauchen — und sie brauchen es, auch wenn sie sich dessen oft nicht bewußt sind.

II.
Die messianische Botschaft

3. Als Christus zu wirken und zu lehren begann

Vor seinen Landsleuten in Nazaret bezieht sich Christus auf die Worte des Propheten Jesaja: „Der Geist des Herrn ruht auf mir; denn der Herr hat mich gesalbt. Er hat mich gesandt, damit ich den Armen eine gute Nachricht bringe; damit ich den Gefangenen die Entlassung verkünde und den Blinden das Augenlicht; damit ich die Zerschlagenen in Freiheit setze und ein Gnadenjahr des Herrn ausrufe"[19]. Diese Sätze sind bei Lukas *Jesu erste Messias-Offenbarung*, der dann die Taten und Worte folgen, die wir aus dem Evangelium kennen. Durch diese Taten und Worte macht Christus den Vater unter den Menschen gegenwärtig. Es ist ungemein bezeichnend, daß diese Menschen vor allem die Armen sind, denen es an Lebensunterhalt fehlt; die, welche ihrer Freiheit beraubt sind; die Blinden, welche die Schönheit der Schöpfung nicht sehen können; die, welche in Trauer und Sorge leben oder unter sozialen Ungerechtigkeiten leiden; und schließlich die Sünder. Vor allem für die Letztgenannten wird der Messias ein besonders verstehbares Zeichen Gottes, der Liebe ist, ein Zeichen des

Vaters. In diesem sichtbaren Zeichen können die Menschen von damals den Vater sehen.

Es ist aufschlußreich, daß Jesus den von Johannes dem Täufer gesandten Boten auf ihre Frage: „Bist du der, der kommen soll, oder müssen wir auf einen anderen warten?"[20], mit dem gleichen Zeugnis antwortet, mit dem er in Nazaret seine Lehrtätigkeit begonnen hatte: „Geht und berichtet Johannes, was ihr gesehen und gehört habt: Blinde sehen wieder, Lahme gehen, und Aussätzige werden rein; Taube hören, Tote stehen auf, und den Armen wird das Evangelium verkündet", und daß er abschließend hinzufügt: „Selig ist, wer an mir keinen Anstoß nimmt"[21].

Jesus offenbarte insbesondere durch seinen Lebensstil und seine Taten, wie *die Liebe,* die wirkende Liebe, die Liebe, die sich dem Menschen zuwendet und alles umfängt, was sein Menschsein ausmacht, *in unserer Welt gegenwärtig ist.* Diese Liebe tritt besonders dort in Erscheinung, wo sie mit Leid, Ungerechtigkeit und Armut in Berührung kommt, mit der konkreten *conditio humana,* der geschichtlichen Befindlichkeit des Menschen, die auf verschiedene Weise von der physischen und moralischen Begrenztheit und Gebrechlichkeit des Menschen geprägt ist. Gerade wegen der Art und des Bereichs, in denen sich die Liebe kundtut, wird sie in der Sprache der Bibel auch als „Erbarmen" bezeichnet. Christus offenbart Gott, der Vater ist, der „Liebe ist", wie sich der heilige Johannes in seinem ersten Brief ausdrücken wird[22]; er offenbart Gott, der „voll

Erbarmen" ist, wie wir beim heiligen Paulus lesen[23]. Diese Wahrheit ist nicht so sehr Gegenstand einer Belehrung, sondern in erster Linie eine Wirklichkeit, die uns durch Christus gegenwärtig wird. *Den Vater als Liebe und Erbarmen gegenwärtig zu machen,* ist für ihn die grundlegende Verwirklichung seiner Sendung als Messias; das bestätigen die Worte, die er in der Synagoge von Nazaret gesprochen hat und dann vor seinen Jüngern und vor den Boten Johannes' des Täufers.
Im Rahmen dieser Bekundung der Gegenwart Gottes als Vater, Liebe und Erbarmen macht Jesus das Erbarmen zu einem der *Hauptthemen seiner Lehrtätigkeit.* Wie gewöhnlich, spricht er auch hier vor allem „in Gleichnissen", da diese das eigentliche Wesen der Dinge besser zum Ausdruck bringen. Es genügt, in diesem Zusammenhang an die Gleichnisse vom verlorenen Sohn[24] oder vom barmherzigen Samariter[25] oder auch — als Gegensatz dazu — an das Gleichnis vom unbarmherzigen Diener[26] zu erinnern. Zahlreich sind die Abschnitte in der Unterweisung Christi, welche die erbarmende Liebe unter immer neuen Gesichtspunkten schildern. Halten wir uns nur den guten Hirten vor Augen auf der Suche nach seinem verlorenen Schaf[27] oder die Frau, welche das ganze Haus durchkehrt, um die verlorene Drachme zu finden[28]. Diese Themen der Lehre Christi werden besonders vom Evangelisten Lukas behandelt, dessen Evangelium den Ehrennamen „*Evangelium des Erbarmens*" bekam.
Bei dieser unserer Betrachtung der Verkündigung

Jesu tut sich ein entscheidendes Problem auf: die Bedeutung der Ausdrücke und der Inhalt der Begriffe, vor allem *der Begriffsinhalt von „Erbarmen" (im Verhältnis zu dem von „Liebe")*. Das Erfassen dieser Inhalte ist der Schlüssel zum Verständnis der Wirklichkeit des Erbarmens. Und gerade darauf kommt es uns am meisten an. Bevor wir uns allerdings im folgenden Abschnitt unserer Erwägungen diesem Punkt zuwenden und die einzelnen Wortbedeutungen und schließlich den Begriffsinhalt von „Erbarmen" zu klären suchen, ist noch eine Feststellung notwendig: nämlich daß Christus beim Offenbaren der erbarmenden Liebe Gottes gleichzeitig *von den Menschen forderte*, sich in ihrem Leben ebenfalls von Liebe und Erbarmen leiten zu lassen. Diese Forderung gehört wesenhaft zur messianischen Botschaft und stellt den Kern des evangelischen *Ethos* dar. Der Meister bringt sie zum Ausdruck sowohl in der Form des Gebotes, das er als „das wichtigste und erste"[29] bezeichnet, wie auch in der Form einer Seligpreisung, wenn er in der Bergpredigt ausruft: „Selig die Barmherzigen, denn sie werden Erbarmen finden"[30].

Der messianischen Botschaft über das Erbarmen eignet somit eine besondere göttlich-menschliche Dimension. Christus wird in Erfüllung der messianischen Prophetien die Inkarnation jener Liebe, welche mit besonderer Eindringlichkeit in ihrer Zuwendung zu den Leidenden, den Unglücklichen und den Sündern sichtbar wird; er macht so den Vater, den Gott „voll Erbarmen" gegenwärtig und in größerer Fülle offenbar. Dabei wird er für die Menschen zugleich Modell der erbarmenden Liebe zum Nächsten und verkündet so durch die Taten noch mehr als durch seine Worte den Aufruf zum Erbarmen, der eines der wesentlichen Elemente des evangelischen Ethos ist. Es geht hier nicht nur um die Befolgung eines Gebotes oder einer sittlichen Norm, sondern um die Erfüllung einer Grundvoraussetzung dafür, daß Gott dem Menschen sein Erbarmen erweisen kann: „Die Barmherzigen . . . werden Erbarmen finden."

III.
Das Alte Testament

4. Der Begriff „Erbarmen" hat im Alten Testament seine lange und reiche Geschichte

Wir müssen auf sie zurückgreifen, damit das von Christus geoffenbarte Erbarmen in größerer Fülle aufleuchten kann. Als er dieses Erbarmen durch Wort und Tat offenbarte, wandte er sich an Menschen, die nicht nur das Wort Erbarmen kannten, sondern auch als *Gottesvolk des Alten Bundes* im Lauf einer mehrhundertjährigen Geschichte *das Erbarmen Gottes auf besondere Weise erfahren hatten.* Diese Erfahrung war sowohl sozial und gemeinschaftlich als auch individuell und innerlich.

Israel war ja das Volk des Bundes mit Gott — eines oft gebrochenen Bundes. Wenn es sich seiner Untreue bewußt wurde — im Lauf der Geschichte fehlte es nicht an Propheten und anderen, welche dieses Bewußtsein weckten —, rief es das Erbarmen an. Die Bücher des Alten Testamentes bringen uns dafür Zeugnisse zur Genüge. Als besonders wichtige Tatsachen und Texte seien angeführt: der Beginn der Geschichte der Richter[31], das Gebet Salomos bei der Einweihung des Tempels[32], ein Teil der Weissagungen Michas[33], die trostvollen Zusicherungen bei Jesaja[34] das flehende Gebet der Juden in der

Verbannung[35], die Erneuerung des Bundes nach der Rückkehr aus dem Exil[36].

Es ist bedeutsam, daß die Propheten in ihrer Verkündigung das Erbarmen, auf das sie wegen der Sünden des Volkes oft zu sprechen kommen, mit dem eindrucksvollen Bild der Liebe Gottes in Verbindung bringen. Der Herr liebt Israel mit der Liebe einer besonderen Erwählung, ähnlich der Liebe eines Bräutigams[37]; deshalb verzeiht er immer wieder seine Schuld, ja seinen Treubruch und Verrat. Findet er Buße und echte Bekehrung, nimmt er sein Volk wieder neu in Gnaden an[38]. Bei den Propheten bedeutet *Erbarmen eine besondere Kraft der Liebe, die stärker ist als die Sünde und Untreue* des auserwählten Volkes.

In diesem weitgespannten „sozialen" Zusammenhang tritt das Erbarmen als entsprechendes Gegenüber der inneren Erfahrung der einzelnen Personen auf, die sich in Schuld verstrickt haben oder Leiden und Unglück aller Art ausgesetzt sind. *Sowohl das physische als auch das moralische Übel oder die Sünde* veranlassen die Söhne und Töchter Israels, sich an den Herrn zu wenden und sein Erbarmen anzurufen. In solcher Weise — im Wissen um die Schwere seiner Schuld — wendet sich David an ihn[39]. An ihn wendet sich nach seinem Aufbegehren auch Ijob in seinem entsetzlichen Unglück[40]; an ihn wendet sich Ester im Bewußtsein der tödlichen Gefahr, die ihr Volk bedroht[41]. In den Büchern des Alten Testaments finden wir noch weitere Beispiele dieser Art[42].

Am Anfang dieser mannigfaltigen gemeinschaftlichen und persönlichen Überzeugung, wie sie vom ganzen Alten Testament im Laufe der Jahrhunderte bestätigt wird, steht die grundlegende Erfahrung des auserwählten Volkes in der Zeit des Exodus: der Herr sah das Elend des versklavten Volkes, hörte seine Schreie, erkannte seine Bedrängnis und beschloß, es zu befreien[43]. In dieser Rettung durch den Herrn sieht der Prophet dessen Liebe und Mitleid am Werk[44]. Hier hat die Sicherheit ihre Wurzeln, mit der das auserwählte Volk und jedes seiner Glieder auf Gottes Erbarmen baut, das man in jeder Bedrängnis anrufen kann.
Dazu kommt die Tatsache, daß das Elend des Menschen, seine „Erbärmlichkeit", auch in seiner Sünde besteht. Das Bundesvolk kannte dieses Elend schon von den Zeiten des Exodus an, als es das Goldene Kalb aufstellte. Über diesen Akt des Bundesbruches hat der Herr triumphiert, als er sich dem Mose feierlich als „ein barmherziger und gnädiger Gott, langmütig, reich an Güte und Treue" kundtat[45]. In dieser zentralen Offenbarung wird das auserwählte Volk und jedes seiner Mitglieder nach jedem Fall in Schuld immer wieder die Kraft und den Beweggrund finden, sich an den Herrn zu wenden, um ihn an das zu erinnern, was er selbst über sich geoffenbart hat[46], und seine Vergebung zu erflehen.
So hat der Herr in seinen Taten und Worten seinem erwählten Volk schon von der Schwelle seiner Geschichte an handelnd und sprechend sein Erbarmen geoffenbart, und dieses Volk hat sich im weiteren

Verlauf seiner Geschichte im Unglück wie beim Bewußtwerden seiner Schuld immer wieder dem Gott der Erbarmungen anvertraut. Alle Färbungen der Liebe zeigen sich im Erbarmen des Herrn gegen die Seinen: er ist ihr Vater[47], weshalb Israel sein erstgeborener Sohn ist[48]; er ist auch der Bräutigam jener, der vom Propheten ein neuer Name verkündet wird: *ruhama*, „Wohlgeliebte", weil ihr Erbarmen widerfahren soll[49].

Auch wenn der Herr, durch die Treulosigkeit seines Volkes erbittert, beschließt, es fallenzulassen, ist seine Zärtlichkeit und seine großherzige Liebe zu den Seinen immer noch stark genug, um ihn seinen Zorn vergessen zu lassen[50]. So ist es verständlich, daß dann die Psalmisten, sobald sie das höchste Loblied auf den Herrn anstimmen wollen, den Gott der Liebe besingen, den Gott der Zärtlichkeit, des Erbarmens und der Treue[51].

Aus all dem folgt, daß das Erbarmen nicht nur zum Gottesbegriff gehört, sondern das Leben des ganzen Volkes Israel und seiner einzelnen Söhne und Töchter kennzeichnet; *es ist der Inhalt der innigen Beziehung zu ihrem Herrn*, der Inhalt ihres Gesprächs mit ihm. Gerade in dieser Hinsicht wird das Erbarmen in den einzelnen Büchern des Alten Testaments mit einer Fülle von Ausdrücken beschrieben. Es wäre vielleicht schwierig, in diesen Büchern eine rein theoretische Antwort auf die Frage zu suchen, was das Erbarmen als solches ist. Nichtsdestoweniger sagt die in ihnen verwendete *Terminologie* schon sehr viel darüber aus[52].

Das Alte Testament bedient sich beim Preis des göttlichen Erbarmens vieler bedeutungsverwandter Ausdrücke; sie unterscheiden sich durch die Eigenheit ihres jeweiligen Inhaltes, *streben jedoch sozusagen von verschiedenen Richtungen aus einem einzigen Grundinhalt zu,* um dessen übersteigenden Reichtum zum Ausdruck und dem Menschen unter verschiedenen Gesichtspunkten näher zu bringen. Das Alte Testament ermutigt die von Unglück Betroffenen, vor allem die Schuldbeladenen — wie auch das ganze Volk Israel, das den Bund mit Gott geschlossen hatte —, *das Erbarmen anzurufen* und mit ihm zu rechnen; es wird in Zeiten des Falls und der Mutlosigkeit ins Bewußtsein gerufen. Und sooft es sich im Leben des Volkes oder des einzelnen zeigt und verwirklicht, wird es dann Gegenstand von *Dank und Lobpreis.*
Auf diese Weise wird das Erbarmen in gewisser Hinsicht der göttlichen Gerechtigkeit gegenübergestellt und erweist sich in vielen Fällen nicht nur als stärker, sondern auch als tiefer. Schon in der Lehre des Alten Testamentes ist die Gerechtigkeit zwar eine echte Tugend im Menschen und in Gott die transzendente Vollkommenheit, wird jedoch von der „Größe" der Liebe überragt, insofern diese ursprünglicher und grundlegender ist. Die Liebe motiviert sozusagen die Gerechtigkeit, und die Gerechtigkeit dient letztlich der Liebe. Der Vorrang und die Erhabenheit der Liebe gegenüber der Gerechtigkeit (das ist bezeichnend für die ganze Offenbarung) *kommen gerade im Erbarmen zum Aus-*

druck. Das war den Psalmisten und Propheten so klar, daß sogar das Wort *Gerechtigkeit* selbst allmählich das vom Herrn gewirkte Heil und sein Erbarmen bedeutete[53]. *Das Erbarmen unterscheidet sich von der Gerechtigkeit, steht jedoch nicht im Widerspruch zu ihr,* wenn wir, wie es eben das Alte Testament tut, in der Geschichte des Menschen die Gegenwart Gottes anerkennen, der sich schon als Schöpfer seinem Geschöpf in besonderer Liebe verbunden hat. Die Liebe schließt von ihrem Wesen her Haß und Übel-Wünschen dem gegenüber aus, dem sie sich einmal zum Geschenk gemacht hat: *Nihil odisti eorum quae fecisti,* „du ... verabscheust nichts von dem, was du gemacht hast"[54]. Diese Worte weisen auf das tiefe Fundament der Beziehung zwischen Gerechtigkeit und Erbarmen in Gott — in seiner Zuwendung zum Menschen und zur Welt. Sie bedeuten, daß wir die belebenden Wurzeln und die innigsten Motive dieses Verhältnisses suchen und zum „Anfang", *auf das Schöpfungsgeheimnis selbst* zurückgehen müssen. Schon im Alten Bund verheißen diese Worte die volle Offenbarung Gottes, der „Liebe ist"[55].

Mit dem Geheimnis der Schöpfung ist das *Geheimnis der Erwählung* verbunden, das in besonderer Weise die Geschichte jenes Volkes geprägt hat, dessen geistlicher Vater Abraham kraft seines Glaubens ist. Durch dieses Volk, dessen Weg entlang der Geschichte des Alten sowie des Neuen Bundes führt, richtet sich das Geheimnis der Erwählung an jeden Menschen, an die ganze Menschheitsfamilie. „Mit ewiger Liebe habe ich dich geliebt, darum habe ich dir so lange die Treue bewahrt"[56]. „Auch wenn die Berge von ihrem Platz weichen ... — meine Gnade wird nie von dir weichen und der Bund meines Friedens nicht wanken"[57]. Diese Wahrheit, einst Israel verkündet, trägt in sich die Perspektive der ganzen Geschichte des Menschen: eine *Perspektive,* die zugleich *zeitlich und endzeitlich* ist[58]. Christus offenbart den Vater in der gleichen Perspektive einer schon vorbereiteten Hörerschaft, wie die Schriften des Alten Testaments an vielen Stellen beweisen. Beim Abschluß dieses Offenbarens am Vorabend seines Todes spricht er zum Apostel Philippus die denkwürdigen Worte: „Schon so lange bin ich bei euch, und du hast mich nicht erkannt ...? Wer mich gesehen hat, hat den Vater gesehen"[59].

IV.
Das Gleichnis vom verlorenen Sohn

5. Der Vergleich

Schon an der Schwelle zum Neuen Testament wird im Evangelium des heiligen Lukas eine einzigartige Entsprechung zwischen zwei Beschreibungen des göttlichen Erbarmens hörbar, in der die gesamte Tradition des Alten Testamentes machtvoll widerhallt. Hier finden die semantischen Inhalte der differenzierten Terminologie der alttestamentlichen Bücher ihren Niederschlag. Wir sehen *Maria*, die das Haus des Zacharias betritt und aus ganzer Seele den Herrn *preist* für *„sein Erbarmen von Geschlecht zu Geschlecht* über denen, die ihn fürchten". Gleich darauf erwähnt sie Gottes Huld für Israel und rühmt die Erwählung Israels, *„das Erbarmen"*, an das er, sein Erwähler, eh und je *„denkt"*[60]. Später, im selben Haus, lobpreist bei der Geburt Johannes' des Täufers dessen Vater *Zacharias* den Gott Israels und verherrlicht sein „Erbarmen mit unseren Vätern", und daß er *„seines heiligen Bundes gedachte"*[61].

In der *Lehre Christi* wird das vom Alten Testament übernommene Bild *vereinfacht* und zugleich *vertieft*. Das zeigt sich vielleicht am deutlichsten in der Parabel vom verlorenen Sohn[62], wo das Wesen des göttlichen Erbarmens besonders deutlich aufleuchtet (wenn auch das Wort „Erbarmen" im Urtext nicht vorkommt). Dazu trägt nicht so sehr, wie in den alttestamentlichen Büchern, die Terminologie bei, sondern vielmehr die Analogie, der Vergleich, der es möglich macht, das Geheimnis des Erbarmens vollständiger zu erfassen, das sich wie ein tiefes Drama zwischen der Liebe des Vaters und der Verlorenheit und Sünde des Sohnes ereignet.

Dieser Sohn, der vom Vater das ihm zustehende Erbteil erhält und von zuhause weggeht, um es in einem fernen Land mit seinem „zügellosen Leben" zu verschleudern, ist in gewisser Hinsicht der Mensch aller Zeiten, angefangen von dem, der als erster das Erbteil der Gnade und der Gerechtigkeit des Urstandes verlor. Die Analogie ist hier sehr weitgespannt. Die Parabel bezieht sich indirekt auf jeden Bruch des Liebesbundes, auf jeden Verlust der Gnade, auf jede Sünde. In dieser Analogie wird weniger die Untreue des Volkes Israel hervorgehoben, als dies in der Tradition der Propheten der Fall war, obwohl auch sie mitgemeint sein kann. Als dieser Sohn „alles durchgebracht hatte, ging es ihm sehr schlecht", um so mehr, als „in dem Land", in das er sich nach Verlassen des väterlichen Hauses begeben hatte, „eine große Hungersnot ausgebrochen war". In dieser Lage „hätte er gerne seinen Hunger gestillt", ganz gleich womit, sogar „mit den Futterschoten, die die Schweine fraßen", welche er für „einen Bürger des Landes" auf dem Feld hütete. Aber selbst das wurde ihm verweigert.

Die Analogie verlagert sich eindeutig auf das Innere

des Menschen. Das Vermögen, welches der Sohn vom Vater empfangen hatte, war eine Quelle materieller Güter; aber wichtiger als diese Güter war seine *Würde als Sohn im Haus des Vaters.* Die Lage, in der er sich nach dem Verlust der materiellen Güter vorfand, mußte ihm den Verlust dieser Würde zum Bewußtsein bringen. Früher, als er vom Vater sein Erbteil verlangte, um fortzugehen, hatte er daran nicht gedacht. Anscheinend denkt er auch jetzt noch nicht daran, wenn er zu sich selbst sagt: „Wie viele Tagelöhner meines Vaters haben mehr als genug zu essen, und ich komme hier vor Hunger um." Er mißt sich mit dem Maß der Güter, die er verloren hat, die er nicht mehr „besitzt", während die Tagelöhner im Haus seines Vaters sie „besitzen". Aus seinen Worten spricht vor allem seine Ausrichtung auf die materiellen Güter. Nichtsdestoweniger verbirgt sich unter ihrer Oberfläche das Drama der verlorenen Würde, das Wissen um die leichtsinnig zerstörte Sohnschaft.

So faßt er denn den Entschluß: „Ich will aufbrechen und *zu meinem Vater gehen und ihm sagen: Vater, ich habe mich* gegen den Himmel und gegen dich *versündigt.* Ich bin nicht mehr wert, dein Sohn zu sein; mach mich zu einem deiner Tagelöhner"[63]. Diese Worte rücken das Kernproblem vollends ins Licht. Der materielle Engpaß, in den der verlorene Sohn durch seine Leichtfertigkeit und seine Sünde geraten war, hatte in ihm den Sinn für seine — jetzt verlorene — Würde zum Reifen gebracht. Sein Entschluß, in das väterliche Haus zurückzukehren und

den Vater um Aufnahme zu bitten — nicht aufgrund der Rechte eines Sohnes, sondern als Tagelöhner —, scheint äußerlich durch den Hunger und das Elend veranlaßt, in die er gefallen war; diesen Beweggrund durchdringt jedoch das Wissen um einen viel tieferen Verlust: *ein Tagelöhner im Haus des eigenen Vaters zu sein,* ist sicher eine große Demütigung und Schande. Dennoch ist der verlorene Sohn bereit, diese Demütigung und Schande auf sich zu nehmen. Er ist sich klar darüber, daß er kein anderes Recht mehr hat als das, im Haus des Vaters Tagelöhner zu sein. Er faßt seinen Entschluß im vollen Bewußtsein dessen, was er verdient hat und worauf er nach den Normen der Gerechtigkeit noch Anspruch erheben kann. Gerade diese Überlegung beweist, daß in der Tiefe des Gewissens des verlorenen Sohnes der Sinn für die verlorene Würde auftaucht, für jene Würde, die dem Verhältnis des Sohnes zum Vater entspringt. Mit diesem Entschluß macht er sich auf den Weg.
In der Parabel vom verlorenen Sohn wird kein einziges Mal das Wort „Gerechtigkeit" verwendet; gleiches gilt — im Urtext — für das Wort „Erbarmen". Aber *das Verhältnis der Gerechtigkeit zur Liebe, die sich als Erbarmen kundtut,* ist dem Inhalt der evangelischen Parabel in großer Genauigkeit eingeschrieben. Sie macht deutlich, daß die Liebe zum Erbarmen wird, wenn es gilt, die — genaue und oft zu enge — Norm der Gerechtigkeit zu überschreiten. Nachdem der verlorene Sohn das vom Vater erhaltene Vermögen aufgebraucht hat und ins

väterliche Haus zurückgekehrt ist, kann er nur beanspruchen, sich seinen Lebensunterhalt als Tagelöhner verdienen zu dürfen und eventuell nach und nach zu einem gewissen materiellen Besitz zu kommen, der in seiner Größe aber vielleicht nie mehr an den heranreichen wird, den er verschleudert hat. Mehr kann er nicht beanspruchen in der Ordnung der Gerechtigkeit, um so weniger, als er nicht nur den ihm zustehenden Vermögensanteil vergeudet, sondern durch sein ganzes Verhalten auch *den Vater verletzt und beleidigt hat.* Dieses Verhalten, das ihn nach seinem eigenen Urteil die Würde eines Sohnes gekostet hat, konnte ja dem Vater nicht gleichgültig sein; es mußte ihm Schmerz bereiten und ihn in gewisser Hinsicht auch mit hineinziehen. Und doch, letzten Endes ging es um den eigenen Sohn, und diese Beziehung konnte durch keinerlei Verhalten gestört oder getroffen werden. Der verlorene Sohn ist sich dessen bewußt, und gerade dieses Wissen läßt ihn den Verlust seiner Würde klar erkennen und den Platz richtig einschätzen, der ihm im Haus des Vaters noch zustehen konnte.

6. Die Betonung der menschlichen Würde

Dieses klar gezeichnete Bild von der inneren Verfassung des verlorenen Sohnes erlaubt es uns, genau zu erfassen, worin das göttliche Erbarmen besteht. Zweifellos enthüllt uns die Gestalt des Vaters in dieser einfachen, aber eindringlichen Analogie Gott als

Vater. Das Verhalten des Vaters im Gleichnis, seine ganze Handlungsweise, in der seine innere Haltung sichtbar wird, läßt uns die einzelnen Linien der alttestamentlichen Sicht des Erbarmens in einer völlig neuen, ganz einfachen und tiefen Synthese wiederfinden. Der Vater des verlorenen Sohnes *ist seiner Vaterschaft treu, ist der Liebe treu,* mit der er seit jeher seinen Sohn beschenkt hat. Diese Treue kommt im Gleichnis nicht nur in der sofortigen Bereitschaft zum Ausdruck, mit der er den heimkehrenden Sohn, der das Vermögen verschleudert hat, aufnimmt; sie kommt noch mehr in der überströmenden, großzügigen Freude über den heimgekehrten Verschwender zum Ausdruck, deren Ausmaß sogar den Widerspruch und Neid des älteren Bruders hervorruft, der sich nie vom Vater abgewendet und sein Haus nicht verlassen hatte.
Die Treue des Vaters zu sich selbst — ein von dem alttestamentlichen Ausdruck „*hesed*" her bereits bekannter Wesenszug — wird in ergreifender Wärme beschrieben: „Der Vater sah ihn schon von weitem kommen, und er hatte *Mitleid* mit ihm. Er lief dem Sohn entgegen, fiel ihm um den Hals und küßte ihn"[64]. Dieses Tun ist sicher von einer tiefen Zuneigung bestimmt, die auch seine dem Sohn erwiesene Großzügigkeit erklärt, über die der ältere dann so in Zorn gerät. Die Gründe für diesen bewegten Empfang liegen jedoch tiefer: der Vater weiß sehr wohl, daß ein grundlegendes Gut gerettet ist — das Menschsein seines Sohnes. Mag dieser auch das Vermögen verschleudert haben, *sein Mensch-Sein*

ist heilgeblieben. Ja, es wurde sozusagen *wiedergefunden.* Das bezeugen die Worte des Vaters an den älteren Sohn: „Jetzt müssen wir uns doch freuen und ein Fest feiern, denn dein Bruder war tot und lebt wieder; er war verloren und ist wiedergefunden worden“[65]. Im selben 15. Kapitel des Lukasevangeliums lesen wir das Gleichnis vom verlorenen Schaf[66] und anschließend von der verlorenen Drachme[67]. Jedesmal wird die gleiche Freude hervorgehoben, die wir beim verlorenen Sohn finden. Die Treue des Vaters zu sich selbst ist voll und ganz auf das Mensch-Sein, auf die Würde des verlorenen Sohnes ausgerichtet. So erklärt sich vor allem seine bewegte Freude im Augenblick der Heimkehr.

Man kann also sagen, daß die Liebe zum Sohn, die Liebe, die aus dem Wesen der Vaterschaft fließt, den Vater in einem bestimmten Sinn dazu verpflichtet, sich um die Würde des Sohnes zu sorgen. Diese Sorge ist der Maßstab seiner Liebe, wie der heilige Paulus schreibt: „Die Liebe ist langmütig, die Liebe ist gütig ... Sie sucht nicht ihren Vorteil, läßt sich nicht zum Zorn reizen, trägt das Böse nicht nach ... Sie freut sich an der Wahrheit. ... Sie hofft alles, hält allem stand“ und „hört niemals auf“[68]. Das Erbarmen — wie es Christus im Gleichnis vom verlorenen Sohn darstellt — hat *die innere Form jener Liebe,* die im Neuen Testament *agápe* genannt wird. Solche Liebe ist fähig, sich über jeden verlorenen Sohn zu beugen, über jedes menschliche Elend, vor allem über das moralische Elend: die Sünde. Wenn das geschieht, fühlt sich der, dem das Erbarmen zuteil wird, nicht gedemütigt, sondern gleichsam wiedergefunden und „aufgewertet". Der Vater läßt ihn in erster Linie spüren, wie groß seine Freude ist, daß er „wiedergefunden wurde" und „wieder lebt". Diese Freude weist auf ein unverletztes Gut hin: ein Sohn hört nie auf, in Wahrheit Sohn seines Vaters zu sein, selbst dann nicht, wenn er sich von ihm trennt; sie weist darüber hinaus auf ein wiedergefundenes Gut hin: im Fall des verlorenen Sohnes die Rückkehr zur Wahrheit über sich selbst.

Was sich im Verhältnis des Vaters zum Sohn im Gleichnis Christi ereignet, läßt sich nicht „von außen her" werten. Unsere Vorurteile in bezug auf das Erbarmen sind größtenteils das Ergebnis einer rein äußerlichen Wertung. Entsprechend einer solchen Wertung sehen wir manchmal *im Erbarmen* vor allem *ein Verhältnis der Ungleichheit* zwischen dem, der es schenkt, und dem, der es empfängt. Infolgedessen sind wir bereit, den Schluß zu ziehen, das Erbarmen demütige den, der es empfängt, es verletze die Würde des Menschen. Das Gleichnis vom verlorenen Sohn beweist uns, daß es in Wirklichkeit *anders* ist: die Beziehung des Erbarmens beruht auf der gemeinsamen Erfahrung jenes Gutes, das der Mensch ist, auf der gemeinsamen Erfahrung der ihm eigenen Würde. Diese gemeinsame Erfahrung führt dazu, daß der verlorene Sohn sich und seine Taten in der vollen Wahrheit zu sehen beginnt (dieses Sehen in Wahrheit ist echte Demut) und seinem Vater gerade dadurch besonders lieb wird, der in so leuchtender Klarheit das Gute sieht, das dank einer geheimnisvollen Ausstrahlung der Wahrheit und der Liebe geschehen ist, daß er alle Schandtaten des Sohnes gleichsam vergißt.

Das Gleichnis vom verlorenen Sohn bringt auf einfache, aber tiefe Weise die *Wirklichkeit der Bekehrung* zum Ausdruck. Sie ist das konkreteste Zeugnis für das Wirken der Liebe und die Gegenwart des Erbarmens in der Welt des Menschen. Die wahre und eigentliche Bedeutung von Erbarmen beschränkt sich nicht auf den — noch so tiefgehenden und mitfühlenden — Blick auf das moralische, physische oder materielle Übel: das Erbarmen zeigt sich wahrhaft und eigentlich, wenn es wieder aufwertet, fördert und *aus allen Formen des Übels in der Welt und im Menschen das Gute zieht.* So betrachtet, stellt es den Grundinhalt der messianischen Botschaft Christi dar und den eigentlichen Impuls seiner Mission. So wurde es auch von seinen Jüngern und Anhängern verstanden und geübt. In ihren Herzen und in ihrem Wirken offenbarte es sich unaufhörlich als ein besonders schöpferischer Erweis der Liebe, die „sich vom Bösen nicht besiegen läßt, sondern das Böse durch das Gute besiegt“[69]. Das wahre Antlitz des Erbarmens muß sich immer neu enthüllen. Unsere Zeit bedarf seiner, trotz vielfacher Vorurteile, ganz besonders.

V.
Das Paschamysterium

7. Das Erbarmen wird in Kreuz und Auferstehung offenbar

Die messianische Verkündigung Christi und sein Wirken unter den Menschen finden ihren Abschluß in Kreuz und Auferstehung. Wir müssen tief in dieses letzte Geschehen eindringen — das vor allem in der Sprache des Konzils das *Paschamysterium* genannt wird —, wenn wir der Wahrheit vom Erbarmen, wie sie in der Geschichte unseres Heils geoffenbart wurde, entsprechen wollen. An diesem Punkt unserer Überlegungen ist es angebracht, uns noch eingehender dem Inhalt der Enzyklika *Redemptor Hominis* zuzuwenden. Denn wenn auch die Wirklichkeit der Erlösung in ihrer menschlichen Dimension die unerhörte Größe des Menschen enthüllt, *qui talem ac tantum meruit habere Redemptorem*[70], so erlaubt uns doch *die göttliche Dimension der Erlösung*, auf eine sozusagen unüberbietbar empirische und „historische" Weise zugleich die Tiefe jener Liebe zu enthüllen, die nicht einmal vor dem außerordentlichen Opfer des Sohnes zurückweicht, um der Treue des Schöpfers und Vaters zu den Menschen gerecht zu werden, die nach seinem Bild geschaffen und vom „Anfang" an in diesem Sohn zur Gnade und Herrlichkeit berufen sind.

Spieß

Die Ereignisse des Karfreitags und noch vorher das Gebet in Getsemani stellen im Verlauf der Offenbarung der Liebe und des Erbarmens in der messianischen Sendung Christi einen radikalen Umschwung dar. Er, der „umherzog, Gutes zu tun"[71] und „alle Krankheiten und Leiden zu heilen"[72], scheint jetzt selbst das größte Erbarmen zu verdienen und *das Erbarmen anzurufen,* während er gefangengenommen, beschimpft, verurteilt, gegeißelt, mit Dornen gekrönt und ans Kreuz genagelt wird, wo er unter unbeschreiblichen Qualen seinen Geist aufgibt[73]. Gerade in diesen Stunden würde er ganz besonders das Erbarmen der Menschen, denen er Gutes erwiesen hat, verdienen, und es wird ihm nicht zuteil. Nicht einmal jenen, die ihm am nächsten sind, gelingt es, ihn zu beschützen und den Händen seiner Verfolger zu entreißen. In diesem letzten Abschnitt seines messianischen Dienstes erfüllen sich an Christus die Worte der Propheten, vor allem die Weissagungen Jesajas über den Gottesknecht: „Durch seine Wunden sind wir geheilt"[74].

Christus wendet sich als Mensch, der im Ölgarten und auf Golgota wirklich und auf entsetzliche Art leidet, an den Vater, an jenen Vater, dessen Liebe er den Menschen verkündet und dessen Erbarmen er mit all seinem Tun bezeugt hat. Gerade ihm bleibt jedoch das furchtbare Erleiden des Todes am Kreuz nicht erspart: *„Den, der keine Sünde kannte, hat (Gott) für uns zur Sünde gemacht"*[75], wird später der heilige Paulus schreiben und so die ganze

Tiefe des Kreuzesgeheimnisses und die göttliche Dimension der Erlösungswirklichkeit in wenigen Worten zusammenfassen. Gerade diese Erlösung ist die letzte und endgültige Offenbarung der Heiligkeit Gottes, der die absolute Fülle der Vollkommenheit ist: Fülle der Gerechtigkeit und der Liebe, weil die Gerechtigkeit auf der Liebe gründet, von ihr ausgeht und ihr zustrebt. Im Leiden und Tod Christi — in der Tatsache, daß der Vater seinen Sohn nicht verschonte, sondern ihn „für uns zur Sünde gemacht hat"[76] — kommt die absolute Gerechtigkeit zum Ausdruck, insofern wegen der Sünden der Menschheit Christus Leiden und Kreuz erduldet. Das ist geradezu ein „Übermaß" der Gerechtigkeit, denn die Sünde des Menschen wird „aufgewogen" durch das Opfer des Gott-Menschen. Diese Gerechtigkeit wahrhaft göttlichen „Maßes" entspringt ganz der Liebe, der Liebe des Vaters und des Sohnes, und bringt von ihrem Wesen her Früchte in der Liebe. Diese göttliche Gerechtigkeit, wie sie das Kreuz Christi offenbart, ist eben insofern „nach dem Maße" Gottes, als sie Ursprung und Erfüllung in der Liebe hat und Früchte des Heils hervorbringt. *Die göttliche Dimension der Erlösung* beschränkt sich nicht auf das Gericht über die Sünde, sondern sie erneuert in der Liebe jene schöpferische Kraft im Menschen, die ihm wieder die von Gott kommende Fülle des Lebens und der Heiligkeit zugänglich macht. Auf diese Weise beinhaltet die Erlösung die Offenbarung des Erbarmens in seiner Vollendung.

Das Paschamysterium ist der Gipfelpunkt der Offenbarung und Verwirklichung des Erbarmens, das den Menschen zu rechtfertigen und die Gerechtigkeit wiederherzustellen vermag im Sinne der Heilsordnung, die Gott vom Anbeginn her im Menschen und durch ihn in der Welt wollte. Der leidende Christus spricht den Menschen, und nicht nur den Gläubigen, besonders an. Auch der Ungläubige kann in ihm die überzeugende Solidarität mit dem Schicksal des Menschen sowie die harmonische Vollendung einer selbstlosen Hingabe an die Sache des Menschen, an die Wahrheit und Liebe entdecken. Die göttliche Dimension des Paschageheimnisses reicht jedoch noch tiefer. Das auf Golgota errichtete *Kreuz,* an dem Christus sein letztes Zwiegespräch mit dem Vater führt, *erwächst aus dem innersten Kern jener Liebe,* die dem nach Gottes Bild und Gleichnis geschaffenen Menschen gemäß dem ewigen Plan Gottes geschenkt worden ist. Gott, wie Christus ihn geoffenbart hat, bleibt nicht nur als Schöpfer und letzter Seinsgrund in enger Verbindung mit der Welt. Er ist auch Vater: mit dem Menschen, den er in der sichtbaren Welt ins Dasein gerufen hat, verbinden ihn Bande, welche die des Erschaffens an Tiefe übertreffen. Es sind dies die Bande der Liebe, die nicht nur das Gute hervorbringt, sondern am Leben Gottes selbst, des Vaters, des Sohnes und des Heiligen Geistes, teilhaben läßt. Wer liebt, den drängt es ja, sich selbst zum Geschenk zu machen.
Das Kreuz Christi auf Golgota steht *am Weg* jenes *admirabile commercium,* jener *wunderbaren Selbst-*

mitteilung Gottes an den Menschen, die zugleich die *Einladung* an den Menschen in sich schließt, sich und mit sich die ganze sichtbare Welt Gott hinzugeben und so an seinem Leben teilzuhaben; als angenommener Sohn der Wahrheit und Liebe in Gott und aus Gott teilhaft zu werden. Am Weg der ewigen Erwählung des Menschen zur Würde eines angenommenen Sohnes Gottes steht in der Geschichte das Kreuz Christi, des eingeborenen Sohnes, der als „Licht vom Licht, wahrer Gott vom wahren Gott“[77] gekommen ist, um ein letztes Zeugnis abzulegen für den wunderbaren *Bund Gottes mit der Menschheit, Gottes mit dem Menschen* — mit jedem Menschen. Dieser Bund, der so alt ist wie der Mensch und auf das Geheimnis der Erschaffung selbst zurückgeht, der mehrmals mit dem einen auserwählten Volk erneuert wurde, ist gleichermaßen der neue und endgültige Bund, der auf Golgota geschlossen wurde und nicht auf ein einziges Volk, auf Israel, beschränkt ist, sondern allen und einem jeden offensteht.

Was sagt uns also das Kreuz Christi, welches in einem bestimmten Sinn das letzte Wort seiner Botschaft und Mission als Messias ist? Und doch ist es nicht das letzte Wort des Bundes-Gottes: dieses wird im Morgengrauen jenes Tages gesprochen, an dem zunächst die Frauen und dann die Apostel zum Grab des gekreuzigten Herrn kommen, es leer vorfinden und zum ersten Mal vernehmen: „Er ist auferstanden!“ Sie werden es weitersagen und Zeugen des Auferstandenen sein. Dennoch ist auch in dieser

Verherrlichung des Sohnes Gottes das Kreuz weiterhin gegenwärtig, welches — durch das gesamte messianische Zeugnis des Menschen-Sohnes, der an ihm den Tod erlitten hat — *unaufhörlich vom göttlichen Vater spricht, der seiner ewigen Liebe zum Menschen unverbrüchlich treu bleibt,* der „die Welt so sehr geliebt hat" — und somit den Menschen in ihr —, „daß er seinen einzigen Sohn hingab, damit jeder, der an ihn glaubt, nicht zugrunde geht, sondern das ewige Leben hat"[78]. An den gekreuzigten Sohn glauben, heißt „den Vater sehen"[79], heißt glauben, daß die Liebe in der Welt gegenwärtig ist und daß sie mächtiger ist als jedwedes Übel, in das der Mensch, die Menschheit, die Welt verstrickt sind. An diese Liebe glauben, heißt, *an das Erbarmen glauben.* Dieses ist ja die unerläßliche Dimension der Liebe, ist sozusagen ihr zweiter Name und zugleich die spezifische Art, wie sie sich zeigt und vollzieht angesichts der Wirklichkeit des Übels in der Welt, das den Menschen trifft und bedrängt, sich auch in sein Herz einschleicht und ihn „ins Verderben der Hölle stürzen kann"[80].

8. Die Liebe ist stärker als Tod und Sünde

Das Kreuz Christi auf Golgota bezeugt auch die Kraft des Bösen dem Sohn Gottes gegenüber, also dem gegenüber, der als einziger unter den Menschenkindern von Natur aus absolut unschuldig und frei von Sünde war und auf dessen Kommen in die

Welt nicht der Ungehorsam Adams und die Erbschuld lasteten. Und gerade in diesem Christus wird nun um den Preis seines Opfers, seines Gehorsams „bis zum Tod“[81] die Sünde gerichtet. Er, der ohne Sünde war, wurde „für uns zur Sünde gemacht“[82]. Gerichtet wird auch der Tod, der sich seit den Anfängen der Menschheitsgeschichte mit der Sünde verbündet hat. Er wird gerichtet im Tod dessen, der ohne Sünde war und als einziger — durch seinen Tod — dem Tod den Todesstreich versetzen konnte[83]. Auf diese Weise ist *das Kreuz Christi*, an welchem der dem Vater wesensgleiche Sohn *Gott die gerechte Sühne darbringt*, auch *eine radikale Offenbarung des Erbarmens*, das heißt der Liebe, die gegen die Wurzel allen Übels in der Geschichte des Menschen angeht — gegen Sünde und Tod.

Im Kreuz neigt sich Gott am tiefsten zum Menschen herab und zu allem, was der Mensch insbesondere in schwierigen und schmerzlichen Augenblicken als sein unglückliches Schicksal bezeichnet. Im Kreuz werden gleichsam von einem heilenden Hauch der ewigen Liebe die schmerzlichsten Wunden der irdischen Existenz des Menschen berührt; es ist die letzte Vollendung des messianischen Programmes, das Christus einst in der Synagoge von Nazaret formulierte[84] und dann vor den Abgesandten Johannes' des Täufers wiederholte[85]. Dieses Programm bestand — wie von Jesaja prophezeit[86] — in der Offenbarung der barmherzigen Liebe zu den Armen, den Leidenden und Gefangenen, zu den Blinden, den Unterdrückten und den Sündern. Im

Paschageheimnis wird die Schranke des vielfachen Übels, in das der Mensch in seiner irdischen Existenz verstrickt ist, überschritten: das Kreuz Christi läßt uns die tiefsten Wurzeln des Übels verstehen, die in die Sünde und den Tod hinabreichen, und wird so auch zu einem eschatologischen Zeichen. Erst in der endzeitlichen Erfüllung und in der endgültigen Erneuerung der Welt wird *die Liebe in allen Auserwählten die tiefsten Quellen des Übels besiegen* und als vollreife Frucht das Reich des Lebens, der Heiligkeit und der seligen Unsterblichkeit hervorbringen. Das Fundament dieser endzeitlichen Vollendung ist bereits im Kreuz Christi und in seinem Tod gelegt. Die Tatsache, daß „Christus am dritten Tag auferweckt worden ist“[87], stellt das endgültige Zeichen der messianischen Mission dar, die Krönung der ganzen Offenbarung der erbarmenden Liebe in einer vom Übel geprägten Welt. Sie ist auch ein Zeichen, das „einen neuen Himmel und eine neue Erde“[88] ankündigt, wo Gott „alle Tränen von ihren Augen abwischen wird; der Tod wird nicht mehr sein, keine Trauer, keine Klage, keine Mühsal. Denn das, was früher war, ist vergangen“[89].

In der endzeitlichen Vollendung wird sich das Erbarmen als Liebe offenbaren; in der Zeitlichkeit, in der menschlichen Geschichte, einer Geschichte von Sünde und Tod, muß sich die Liebe vor allem als Erbarmen offenbaren und vollziehen. Das messianische Programm Christi, sein Programm des Erbarmens, wird zum Programm seines Volkes, der

erbarmungslos ? mein Leid

Kirche. Im Mittelpunkt dieses Programms steht immer das Kreuz; denn in ihm erreicht die Offenbarung der erbarmenden Liebe ihren Höhepunkt. Solange „das Frühere" nicht vergangen sein wird[90], wird das Kreuz der „Ort" bleiben, auf den sich die folgenden Worte der Offenbarung des Johannes beziehen lassen: „Ich stehe vor der Tür und klopfe an. Wer meine Stimme hört und die Tür öffnet, bei dem werde ich eintreten, und wir werden Mahl halten, ich mit ihm und er mit mir"[91]. Eine besondere Offenbarung seines Erbarmens ist es, wenn Gott *seinen gekreuzigten Sohn dem Erbarmen des Menschen anempfiehlt*.

Christus ist als Gekreuzigter das Wort, das nicht vergeht[92], derjenige, der an der Tür steht und an das Herz jedes Menschen klopft[93], der dabei nicht über dessen Freiheit verfügt, sondern die Freiheit zur Liebe zu wecken sucht — nicht nur im Sinne einer Solidarität mit dem leidenden Menschensohn, sondern in bestimmtem Sinn auch als „Erbarmen", das wir ihm ganz persönlich bezeugen. Konnte im Rahmen des messianischen Programmes Christi, im Lauf der Offenbarung des Erbarmens durch das Kreuz die Würde des Menschen mehr geachtet und erhoben werden als dadurch, daß er, der Erbarmen findet, zugleich „Erbarmen schenken" darf?

Nimmt nicht Christus letzten Endes dem Menschen gegenüber diese Haltung ein, wenn er sagt: „Was ihr für einen meiner geringsten Brüder getan habt, das habt ihr mir getan"[94]? Sind nicht die Worte der Bergpredigt: „Selig die Barmherzigen, denn sie werden Erbarmen finden"[95], in gewissem Sinn eine Synthese der ganzen Frohbotschaft, des ganzen „wunderbaren Austausches" *(admirabile commercium)*, den sie in sich schließt und der als einfaches, kraftvolles und zugleich „sanftes" Gesetz die *Heilsordnung selber* prägt? Offenbaren diese Worte der Bergpredigt, die zunächst auf die Möglichkeiten des „Menschenherzens" hinweisen (nämlich „barmherzig" zu sein), nicht in derselben Richtung zugleich das tiefe Geheimnis Gottes, jene unauslotbare Einheit von Vater, Sohn und Heiligem Geist, in der die Liebe, der Gerechtigkeit Einhalt gebietend, dem Erbarmen Raum gibt, das seinerseits die Gerechtigkeit in ihrer Vollendung offenbar macht?

Das Paschageheimnis *ist* Christus am Höhepunkt der Offenbarung des unerforschlichen Geheimnisses Gottes. Gerade hier bewahrheiten sich voll und ganz die im Abendmahlssaal gesprochenen Worte: „Wer mich gesehen hat, hat den Vater gesehen"[96]. Denn Christus, den der Vater zugunsten des Menschen „nicht verschonte"[97] und dem in seinem Leiden und in der Qual des Kreuzes menschliches Erbarmen nicht zuteil wurde, hat in seiner Auferstehung die Fülle der Liebe des Vaters zu ihm und in ihm zu allen Menschen geoffenbart. „Er ist doch nicht ein Gott von Toten, sondern von Lebenden"[98]. In seiner Auferstehung hat Christus *gerade insofern den Gott der erbarmenden Liebe geoffenbart, als er das Kreuz als Weg zur Auferstehung auf sich genommen hat*. Deshalb konzentrieren sich, wenn wir des Kreuzes Christi, seines Leidens und seines Todes gedenken, unser Glaube und unsere Hoffnung auf den Auferstandenen — der „am Abend dieses ersten Tages der Woche“ im Abendmahlssaal, wo die Jünger versammelt waren, „in ihre Mitte trat ... sie anhauchte und zu ihnen sprach: Empfangt den Heiligen Geist! Wem ihr die Sünden vergebt, dem sind sie vergeben; wem ihr die Vergebung verweigert, dem ist sie verweigert“[99].

So hat also der Sohn Gottes in seiner Auferstehung in radikaler Weise selbst das Erbarmen erfahren, das heißt die Liebe des Vaters, die *stärker ist als der Tod.* Derselbe Gottessohn offenbart am Ende — in gewisser Hinsicht schon jenseits des Endes — seiner messianischen Mission sich selbst als unerschöpfliche Quelle des Erbarmens, derselben Liebe, die in der weiteren Perspektive der Heilsgeschichte in der Kirche sich ständig *stärker als die Sünde* erweisen wird. Der österliche Christus ist die endgültige Inkarnation des Erbarmens, dessen lebendiges, heilsgeschichtliches und zugleich endzeitliches Zeichen. In diesem Geist legt uns die Liturgie der Osterzeit den Psalmvers auf die Lippen: *„Die Erbarmungen des Herrn will ich ewig besingen“*[100].

9. Die Mutter des Erbarmens

In diesen österlichen Worten der Kirche klingen — in der Fülle ihres prophetischen Gehaltes — die Worte Marias nach, die sie bei der Begegnung mit Elisabet, der Frau des Zacharias, gesprochen hatte:

„Er erbarmt sich von Geschlecht zu Geschlecht"[101]. Sie eröffnen schon beim Morgenrot der Menschwerdung eine neue Perspektive der Heilsgeschichte. Nach der Auferstehung Christi wird diese Perspektive — geschichtlich und endzeitlich gesehen — neu lebendig. Seither lösen in immer größeren Dimensionen immer neue Geschlechter der riesigen Menschheitsfamilie einander ab; und auch im Volk Gottes folgen einander neue Geschlechter, welche die Male des Kreuzes und der Auferstehung tragen, das „Siegel"[102] des Paschageheimnisses Christi, der absoluten Offenbarung jenes Erbarmens, das Maria auf der Schwelle des Hauses ihrer Verwandten pries: „Er erbarmt sich von Geschlecht zu Geschlecht"[103].

Maria hat auch auf besondere und außerordentliche Weise — wie sonst niemand — das Erbarmen Gottes erfahren und ebenso auf außerordentliche Weise mit dem Opfer des Herzens ihr Teilnehmen an der Offenbarung des göttlichen Erbarmens möglich gemacht. Dieses Opfer lebt ganz aus der Kraft des Kreuzes, unter das sie als Mutter gestellt war; es ist eine einzigartige Teilnahme an der Selbstoffenbarung des Erbarmens, das heißt an der absoluten Treue Gottes zu seiner Liebe, zu seinem Bund mit dem Menschen, dem Volk und der Menschheit, den er von Ewigkeit her wollte und den er in der Zeit geschlossen hat; es ist die Teilnahme an jener Offenbarung, die im Kreuz ihren Höhepunkt gefunden hat. *Niemand hat so wie die Mutter des Gekreuzigten das Geheimnis des Kreuzes erfahren,* diese er-

schütternde Begegnung der transzendenten göttlichen Gerechtigkeit mit der Liebe, diesen „Kuß" zwischen Erbarmen und Gerechtigkeit[104]. Niemand hat wie Maria dieses Geheimnis mit dem Herzen aufgenommen: die wahrhaft göttliche Dimension der Erlösung, die sich vollzog durch den Tod des Gottessohnes auf Golgota zusammen mit dem Herzensopfer seiner Mutter, zusammen mit ihrem endgültigen *„Fiat"*.
Maria also kennt *am tiefsten das Geheimnis des göttlichen Erbarmens.* Sie kennt seinen Preis und weiß, wie hoch er ist. In diesem Sinn nennen wir sie auch *Mutter der Barmherzigkeit,* Unsere Liebe Frau vom Erbarmen oder Mutter des göttlichen Erbarmens. Diese Namen haben einen tiefen theologischen Gehalt; denn Maria besaß die besondere Fähigkeit der Seele und der ganzen Persönlichkeit, in den verworrenen Ereignissen der Geschichte Israels und dann des Menschen und der ganzen Menschheit jenes Erbarmen wahrzunehmen, das uns nach dem ewigen Plan der Heiligsten Dreifaltigkeit „von Geschlecht zu Geschlecht"[105] geschenkt wird.

Vor allem aber meinen die genannten Namen Maria als die Mutter des Gekreuzigten und Auferstandenen; denn nachdem *sie in außergewöhnlicher Weise das Erbarmen erfahren hatte,* ist sie in gleicher Weise *„erbarmenswürdig"* geworden — während ihres ganzen irdischen Lebens und vor allem unter dem Kreuz ihres Sohnes; und sie wurde schließlich durch die verborgene und zugleich einzigartige Teilnahme an der messianischen Aufgabe ihres Sohnes ganz besonders dazu berufen, den Menschen die Liebe nahezubringen, die zu offenbaren er gekommen war und die am konkretesten den Leidenden, den Armen, den Unfreien, den Blinden, den Unterdrückten und den Sündern gegenüber sichtbar wird — wie sie Jesus mit der Prophezeiung Jesajas beschrieben hat, in der Synagoge von Nazaret zuerst[106] und dann als Antwort auf die Frage der Abgesandten Johannes' des Täufers[107].

Gerade an dieser „sich erbarmenden" Liebe, die vor allem bei der Begegnung mit dem moralischen und physischen Übel wirksam wird, hatte das Herz derer, die dem Gekreuzigten und Auferstandenen Mutter war, in außergewöhnlicher Weise Anteil. In ihr und durch sie offenbart sich die erbarmende Liebe weiterhin in der Geschichte der Kirche und der Menschheit. Diese Offenbarung ist deshalb besonders fruchtbar, weil sie sich in Maria auf das einzigartige Taktgefühl ihres mütterlichen Herzens gründet, auf ihre besondere Empfindsamkeit und die Fähigkeit, alle Menschen zu erreichen, *welche die erbarmende Liebe leichter von seiten einer Mutter annehmen.* Das ist eines der großen und lebenspendenden Geheimnisse des Christentums, dem Geheimnis der Menschwerdung innig verbunden.

„Diese Mutterschaft Mariens in der Gnadenökonomie dauert unaufhörlich an, von der Zustimmung, die sie bei der Verkündigung gläubig gab und unter dem Kreuz ohne Zögern festhielt, bis zur ewigen Vollendung aller Auserwählten. In den Himmel aufgenommen, hat sie diese heilbringende Aufgabe nicht niedergelegt, sondern fährt durch ihre vielfältige Fürbitte fort, uns die Gaben des ewigen Heils zu erwirken. In ihrer mütterlichen Liebe trägt sie Sorge für die Brüder ihres Sohnes, die noch auf der Pilgerschaft sind und in Gefahren und Bedrängnissen weilen, bis sie zum seligen Vaterland gelangen"[108].

VI.
„Erbarmen . . .
von Geschlecht zu Geschlecht"

10. Das Bild „unseres Geschlechtes, unserer Generation"

Wir dürfen mit vollem Recht glauben, daß auch unsere Generation in den Worten der Gottesmutter inbegriffen war, als sie das Erbarmen pries, welches „von Geschlecht zu Geschlecht", von Generation zu Generation jenen zuteil wird, die sich von der Gottesfurcht leiten lassen. Das *Magnifikat* Mariens hat einen prophetischen Inhalt; dieser bezieht sich nicht nur auf die Vergangenheit Israels, sondern auch auf die ganze Zukunft des Gottesvolkes auf Erden. *Wir* alle, die heute auf dieser Erde leben, *sind das „Geschlecht"*, welches um das Herannahen des dritten Jahrtausends weiß und zutiefst *die geschichtliche Wende fühlt,* die im Gange ist.
Die gegenwärtige Generation weiß sich bevorzugt; denn der Fortschritt bietet ihr so viele Möglichkeiten, wie man sie vor nur wenigen Jahrzehnten nicht ahnen konnte. Die schöpferische Tätigkeit des Menschen, seine Intelligenz und seine Arbeit haben tiefreichende Veränderungen sowohl auf dem Gebiet von Wissenschaft und Technik wie auch im sozialen und kulturellen Leben hervorgerufen. Der Mensch hat seine Macht über die Natur ausgedehnt; er hat

eine vertiefte Kenntnis von den Gesetzen seines Sozialverhaltens bekommen. Er hat erlebt, wie die Hindernisse und Abstände, die Menschen und Nationen voneinander trennen, verschwanden oder kleiner wurden, und dies durch einen wachsenden Sinn für das Ganze, durch ein klareres Bewußtsein der Einheit des Menschengeschlechtes, durch die Bejahung der gegenseitigen Abhängigkeit bei echter Solidarität und schließlich durch das Verlangen — und die Möglichkeit —, mit den Brüdern und Schwestern jenseits der künstlichen Aufteilungen der Geographie oder der nationalen oder rassischen Grenzen in Verbindung zu treten. Vor allem die Jugend von heute weiß, daß der Fortschritt von Wissenschaft und Technik es möglich macht, nicht nur neue materielle Güter zu erlangen, sondern auch eine breitere Teilhabe am Wissen der Menschheit. Der Aufschwung der Informatik zum Beispiel vervielfacht die schöpferischen Fähigkeiten des Menschen und eröffnet den Zugang zu den intellektuellen wie kulturellen Reichtümern anderer Völker. Die neuen Techniken der Kommunikation erleichtern eine stärkere Teilnahme am Weltgeschehen und einen wachsenden Austausch der Ideen. Die Errungenschaften der Biologie, Psychologie und der Sozialwissenschaft helfen dem Menschen, die Reichtümer seines eigenen Seins besser zu verstehen. Wenn es auch stimmt, daß ein solcher Fortschritt noch zu oft das Privileg der industrialisierten Länder bleibt, so läßt sich doch nicht leugnen, daß die Möglichkeit, alle Völker und alle Länder daran teilhaben zu lassen, nicht mehr länger eine schlichte Utopie ist, sofern ein echter politischer Wille hierfür besteht.

Aber neben all diesen Entwicklungen — oder besser gesagt, *in* ihnen — gibt es gleichzeitig jene Schwierigkeiten, die sich bei jedem Wachstum zeigen. Es gibt Sorgen und Schwächen, die eine grundlegende Antwort erfordern, die der Mensch, wie er wohl weiß, geben muß. Das Bild der heutigen Welt zeigt auch Schatten und nicht immer nur oberflächliche Störungen des Gleichgewichts. Die Pastoralkonstitution des Zweiten Vatikanischen Konzils, *Gaudium et Spes,* ist sicher nicht das einzige Dokument, das vom Leben der heutigen Generation handelt, sie hat jedoch besondere Bedeutung. „In Wahrheit hängen die Störungen des Gleichgewichts, an denen die moderne Welt leidet", so lesen wir dort, „mit jener tieferen Störung des Gleichgewichts zusammen, welche im Herzen des Menschen liegt. Im Menschen selbst bekämpfen ja viele Elemente einander. Während er sich nämlich einerseits als Geschöpf vielfach begrenzt erfährt, fühlt er andererseits in seiner Sehnsucht, daß er zu einem grenzenlosen und höheren Leben berufen ist. Von mancherlei Seiten angefordert, muß er das eine wählen, auf das andere verzichten. Als schwacher, sündiger Mensch tut er oft das, was er nicht will, und was er will, das tut er nicht. So leidet er an einem inneren Zwiespalt, und daraus entstehen so viele und schwere Zerwürfnisse auch in der Gesellschaft"[109].

Gegen Ende der Einführung lesen wir: „Dennoch

wächst angesichts der heutigen Weltentwicklung die Zahl derer mehr und mehr, die die Grundfragen erheben oder mit neuer Schärfe spüren: Was ist der Mensch? *Was ist der Sinn des Schmerzes, des Bösen, des Todes* — alles Dinge, die trotz allem Fortschritt *noch immer weiterbestehen?* Was bedeuten jene Siege, die mit solchem Preis erkauft sind?"[110].
Ist in den eineinhalb Jahrzehnten seit der Beendigung des Zweiten Vatikanischen Konzils dieses Bild typischer Spannungen und Bedrohungen, wie es unserer Zeit eigen ist, vielleicht weniger beunruhigend geworden? Offenbar nicht. Ganz im Gegenteil, die Spannungen und Bedrohungen, die sich im Konzilsdokument erst abzeichneten und damals die ganze Gefahr, welche sie in sich bargen, noch nicht voll erkennen ließen, sind im Lauf dieser Jahre weiter offenbar geworden, haben die Gefahr vielfach bestätigt und erlauben es nicht länger, sich den Illusionen von einst zu überlassen.

11. Quellen der Unruhe

Unsere Welt fühlt sich also immer mehr bedroht. Die existentielle Angst nimmt zu, vor allem — wie ich bereits in der Enzyklika *Redemptor Hominis* erwähnte — im Hinblick auf die Möglichkeit eines Konflikts, der angesichts des heute vorhandenen Vorrats an Atomwaffen eine teilweise Selbstzerstörung der Menschheit bedeuten könnte. Die Bedrohung kommt jedoch nicht nur von dem, was die

Menschen durch militärische Technik einander antun können; sie erwächst auch aus vielen anderen Folgen einer materialistischen Zivilisation, welche — trotz „humanistischer" Erklärungen — dem Vorrang der Sachen über die Person huldigt. Der zeitgenössische Mensch fürchtet also, daß durch die von dieser Zivilisation erfundenen Mittel die *Einzelpersonen* und auch die verschiedenen Lebensbereiche, die Gemeinschaften, die Gesellschaften und die Nationen *Opfer der Willkür anderer* Einzelpersonen, Lebensbereiche und Gesellschaften werden könnten. Die Geschichte unseres Jahrhunderts bietet dafür Beispiele zur Genüge. Trotz aller Erklärungen über die Rechte des Menschen in seiner Ganzheit, das heißt in seiner leiblichen und geistigen Existenz, können wir nicht sagen, daß diese Beispiele nur der Vergangenheit angehören.

Der Mensch fürchtet mit Recht, Opfer einer Unterdrückung zu werden, die ihn der inneren Freiheit und der Möglichkeit beraubt, die Wahrheit auszusprechen, von der er überzeugt ist; die ihm seinen Glauben nehmen möchte und die Möglichkeit, den rechten Weg zu gehen, den ihm die Stimme des Gewissens weist. Die technischen Mittel, über welche die heutige Zivilisation verfügt, bergen ja nicht nur die Möglichkeit einer Selbstvernichtung als Folge eines militärischen Konflikts in sich, sondern auch *die einer „friedlichen" Unterwerfung der Einzelpersonen, der Lebensbereiche, ganzer Gesellschaftsgruppen und Nationen*, die aus irgendeinem Grund denen unbequem werden, die solche technische Mit-

tel in der Hand haben und zu ihrem Einsatz bedenkenlos bereit sind. Man denke in diesem Zusammenhang auch an die Folter in der heutigen Welt als systematisch eingesetztes Herrschafts- und Unterdrückungsmittel der Machthaber, als unbestrafte Praxis der untergeordneten Stellen.
So wächst neben dem Wissen um die Bedrohung des physischen Lebens das Wissen um eine andere Bedrohung, um eine noch größere Gefahr für das, was wesentlich menschlich ist, was mit der Würde der Person und ihrem Recht auf Wahrheit und Freiheit in engem Zusammenhang steht.
All das vollzieht sich *vor dem Hintergrund schwerster innerer Vorwürfe,* deren Ursache darin liegt, daß es neben den Menschen und Gesellschaftsgruppen, die in Wohlstand, Sattheit und Überfluß leben und sich dem Konsumismus und der Genußsucht unterworfen haben, in der gleichen Menschheitsfamilie nicht an einzelnen noch an Gesellschaftsgruppen fehlt, die *Hunger leiden.* Es gibt Kinder, die vor den Augen ihrer Mütter den Hungertod sterben. Es gibt in verschiedenen Teilen der Welt, in verschiedenen sozio-ökonomischen Systemen ganze Zonen des Elends, der Not und der Unterentwicklung. Diese Tatsachen sind allgemein bekannt. *Der Zustand der Ungleichheit* unter Menschen und Völkern dauert nicht nur an, er nimmt zu. Noch immer finden wir neben begüterten Menschen, die im Überfluß leben, andere, bedürftige, die unter dem Elend leiden und oft sogar an Hunger sterben; ihre Zahl beläuft sich auf Dutzende, ja auf Hun-

derte von Millionen. Deshalb wird sich die moralische Unruhe zusehends vertiefen. Es ist unleugbar, daß die heutige Wirtschaftsordnung und die materialistische Zivilisation auf Grundlagen aufgebaut sind, die eine fundamentale Unzulänglichkeit oder vielmehr einen ganzen Komplex von Unzulänglichkeiten, ja, einen unzulänglich funktionierenden Mechanismus aufweisen; eine solche Wirtschaftsordnung und Zivilisation machen es der menschlichen Gesellschaft unmöglich, über so radikal ungerechte Situationen hinauszuwachsen.

Das Bild von der Welt von heute, in der es so viel physisches und moralisches Übel gibt, daß sie sich in Widersprüche und Spannungen verstrickt und gleichzeitig die menschliche Freiheit, das Gewissen und die Religion bedroht, erklärt die Unruhe, unter der der zeitgenössische Mensch leidet. Diese Unruhe spüren nicht nur die Benachteiligten und die Unterdrückten, sondern auch jene, die das Privileg des Reichtums, des Fortschritts und der Macht genießen. Obwohl es nicht an Menschen fehlt, welche die Ursachen dieser Unruhe aufzudecken oder mit den Mitteln der Technik, des Reichtums oder der Macht provisorisch zu bekämpfen suchen, so läßt sich doch in der Tiefe des menschlichen Herzens *die Unruhe durch diese Maßnahmen nicht beschwichtigen.* Sie bezieht sich — wie die Untersuchungen des Zweiten Vatikanischen Konzils zu Recht festgestellt haben — auf die fundamentalen Probleme der gesamten menschlichen Existenz; sie steht im Zusammenhang mit dem Sinn der Existenz des Menschen in der

Welt überhaupt und sorgt sich um die Zukunft des Menschen und der ganzen Menschheit; sie fordert grundlegende Entscheidungen, welchen das Menschengeschlecht nun offenbar nicht mehr ausweichen kann.

12. Genügt die Gerechtigkeit?

Es ist nicht schwer festzustellen, daß in der heutigen Welt wieder *ein Sinn für Gerechtigkeit* erwacht ist; er ist weit verbreitet und rückt zweifellos all das ins Bewußtsein, was im Widerspruch zur Gerechtigkeit steht: sei es im Verhältnis zwischen den Menschen, den sozialen Gruppierungen oder den „Klassen", sei es zwischen den einzelnen Völkern und Staaten, sei es schließlich zwischen politischen Systemen als solchen, ja zwischen sogenannten „Welten". Diese tiefgreifende und vielfältige Tendenz, an deren Basis das menschliche Bewußtsein unserer Zeit die Gerechtigkeit gestellt hat, bezeugt den ethischen Charakter der Spannungen und Kämpfe, die sich über die Erde ziehen.

Die Kirche teilt mit den Menschen unserer Zeit diesen tiefen, brennenden Wunsch nach einem in jeder Hinsicht gerechten Leben und versäumt es nicht, die verschiedenen Aspekte der Gerechtigkeit, wie sie das Leben der Menschen und der Gesellschaftsgruppen fordert, zu durchdenken. Das bestätigt der Bereich der katholischen Soziallehre, die sich im Lauf der letzten hundert Jahre machtvoll entwickelt hat.

Nach den Prinzipien dieser Lehre richten sich sowohl die Erziehung und die Bildung des menschlichen Gewissens im Geist der Gerechtigkeit als auch die einzelnen Initiativen, insbesondere auf dem Gebiet des Laienapostolats, die sich ebenfalls in diesem Geist entfalten.
Man kann jedoch schwerlich darüber hinwegsehen, daß *die Programme, die von der Idee der Gerechtigkeit ausgehen* und deren Verwirklichung im Zusammenleben der Menschen, der menschlichen Gruppen und Gesellschaften dienen sollen, *in der Praxis oft arg entstellt werden.* Obwohl sie sich dann weiter auf die Idee der Gerechtigkeit berufen, gewinnen — so lehrt die Erfahrung — negative Kräfte, wie etwa Groll, Haß oder gar Grausamkeit die Oberhand. In diesem Fall wird das Verlangen, den Feind zu vernichten, seine Freiheit einzuschränken oder ihm eine vollständige Abhängigkeit aufzuerlegen, zum eigentlichen Beweggrund des Handelns; dies widerspricht dem Ursinn von Gerechtigkeit, die ihrem Wesen nach darauf abzielt, Gleichheit und Gleichstellung zwischen den streitenden Parteien zu erreichen. Diese Art Mißbrauch der Gerechtigkeitsidee und die praktische Verfälschung der Gerechtigkeit beweisen, wie weit sich das menschliche Handeln *von der Gerechtigkeit entfernen kann,* selbst wenn es in ihrem Namen begonnen wurde. Nicht umsonst beanstandete Jesus bei seinen Zuhörern, die den Lehren des Alten Testaments treu waren, die Haltung, die in dem Spruch zum Ausdruck kommt: „Auge für Auge und Zahn für Zahn"[111].

Das war die damalige Form, die Gerechtigkeit zu verfälschen, und die heutigen haben sie zum Modell. Es ist ja offensichtlich, daß im Namen einer sogenannten Gerechtigkeit (zum Beispiel einer geschichtlichen oder Klassengerechtigkeit) manchmal der Nächste vernichtet, getötet, seiner Freiheit oder der elementarsten Menschenrechte beraubt wird. Die Erfahrung der Vergangenheit und auch unserer Zeit lehrt, daß die Gerechtigkeit allein nicht genügt, ja, zur Verneinung und Vernichtung ihrer selbst führen kann, wenn nicht *einer tieferen Kraft — der Liebe —* die Möglichkeit geboten wird, das menschliche Leben in seinen verschiedenen Bereichen zu prägen. Gerade die geschichtliche Erfahrung hat, unter anderem, zur Formulierung der Aussage geführt: *summum ius, summa iniuria* — höchstes Recht, höchstes Unrecht. Diese Behauptung entwertet die Gerechtigkeit nicht, noch verringert sie die Bedeutung der Ordnung, die sich auf sie aufbaut; sie weist nur unter einem anderen Aspekt auf die Notwendigkeit hin, aus jenen noch tieferen Quellen des Geistes zu schöpfen, denen sich die Ordnung der Gerechtigkeit selber verdankt.

Das Bild der Generation, der wir angehören, vor Augen, *teilt die Kirche die Unruhe so vieler Zeitgenossen.* Besorgniserregend ist außerdem das *Verblassen* vieler fundamentaler Werte, die ein unbestreitbares Gut nicht nur der christlichen, sondern ganz einfach der *menschlichen Moral, der moralischen Kultur* darstellen, wie etwa die Achtung des menschlichen Lebens vom Augenblick der Empfängnis an, die Achtung der Ehe in ihrer unauflöslichen Einheit, die Achtung des Dauercharakters der Familie. Die sittliche Freizügigkeit verletzt vor allem diesen empfindlichsten Bereich des menschlichen Lebens und Zusammenlebens. Auf der gleichen Linie liegen die Krise der Wahrheit in den zwischenmenschlichen Beziehungen, der Mangel an Verantwortungsbewußtsein im Reden, die nur auf Nützlichkeit ausgerichtete Beziehung von Mensch zu Mensch, das Fehlen des Sinnes für echtes Gemeinwohl und die Leichtigkeit, mit der dieses seinem Zweck entfremdet wird. Schließlich ist noch die Verdrängung des Sakralen zu nennen, die oft zur Verdrängung des Menschlichen wird: Der Mensch und die Gesellschaft, denen nichts „heilig" ist, sind — allem Anschein zum Trotz — dem moralischen Verfall preisgegeben.

VII.
Das Erbarmen Gottes in der Sendung der Kirche

Im Zusammenhang mit diesem Bild unserer Generation, das unvermeidlich tiefe Unruhe hervorruft, erinnern wir uns der Worte, die aus Anlaß der Menschwerdung des Gottessohnes im *Magnifikat* Mariens erklangen und das Erbarmen „von Geschlecht zu Geschlecht" preisen. Die Kirche unserer Zeit muß sich, indem sie die Ausdruckskraft dieser inspirierten Worte stets im Herzen bewahrt und sie auf die Erfahrungen und Leiden der großen Menschheitsfamilie anwendet, der Notwendigkeit tiefer und eingehender bewußt werden, in ihrer ganzen Sendung, auf den Spuren der Tradition des Neuen und des Alten Bundes und vor allem auf den Spuren Jesu Christi und seiner Apostel, *für das Erbarmen Gottes Zeugnis abzulegen.* Die Kirche muß für das Erbarmen Gottes, das Christus in seiner gesamten messianischen Sendung offenbart hat, Zeugnis ablegen, indem sie es zunächst als heilbringende Glaubenswahrheit *bekennt,* die zugleich für ein Leben notwendig ist, das mit dem Glauben übereinstimmen soll, und dann *sucht,* dieses Erbarmen sowohl *in das Leben* ihrer Gläubigen als auch nach Möglichkeit in das aller Menschen guten Willens *einzuführen und dort Fleisch werden zu lassen.* Schließlich hat die Kirche, indem sie dieses Erbarmen bekennt und ihm allzeit treu bleibt, das Recht und die Pflicht, sich auf das Erbarmen Gottes zu berufen und es angesichts aller Erscheinungsformen von physischem und moralischem Übel, angesichts aller Bedrohungen, die über dem gesamten Horizont des Lebens der heutigen Menschheit lasten, zu *erflehen*.

13. Die Kirche bekennt und verkündet das Erbarmen Gottes

Die Kirche muß das göttliche Erbarmen in all seiner Wahrheit, wie sie uns die Offenbarung überliefert hat, *bekennen und verkünden*. Auf den vorhergehenden Seiten dieses Dokumentes haben wir versucht, diese Wahrheit, die die gesamte Heilige Schrift und die Tradition der Kirche so vielfältig bezeugen, wenigstens in großen Linien darzulegen. Im täglichen Leben der Kirche klingt die Wahrheit vom Erbarmen Gottes, wie sie in der Bibel zum Ausdruck kommt, ständig in zahlreichen Lesungen der heiligen Liturgie an. Das echte Glaubensbewußtsein des Volkes Gottes nimmt sie wahr, wie verschiedene Formen der persönlichen und der gemeinschaftlichen Frömmigkeit bezeugen. Es wäre sicher schwierig, sie alle hier aufzuzählen und zusammenzufassen, sind sie doch zum größten Teil im Innersten der Herzen und Gedanken der Menschen lebendig eingeprägt. Wenn einige Theologen sagen, daß das Erbarmen unter den Attributen und Vollkommenheiten Gottes das wichtigste ist, so liefern dafür die Bibel, die Tradition und das ganze Glaubensleben des Volkes Gottes ihre besonderen Zeugnisse. Es handelt sich hierbei nicht um die Vollkommenheit des unerforschlichen Wesens Gottes im Geheimnis der Gottheit als solcher, sondern um die Vollkommenheit und das Attribut, durch das der Mensch in der tiefsten Wahrheit seiner Existenz dem lebendigen Gott besonders oft und nahe begegnet. Nach den Worten Christi an Philippus[112] findet die Anschauung des Vaters — eine Schau Gottes im Glauben — gerade in der Begegnung mit seinem Erbarmen eine einzigartige Gestalt innerer Einfachheit und Wahrheit, jener ähnlich, die wir im Gleichnis vom verlorenen Sohn finden.

„Wer mich gesehen hat, hat den Vater gesehen"[113]. Die Kirche bekennt das Erbarmen Gottes, sie lebt davon in ihrer reichen Glaubenserfahrung und auch in ihrer Lehre, indem sie unablässig Christus betrachtet und sich auf ihn ausrichtet, auf sein Leben und sein Evangelium, auf sein Kreuz und seine Auferstehung, auf sein Geheimnis insgesamt. Alles, was zur „Anschauung" Christi im lebendigen Glauben und in der Lehre der Kirche gehört, bringt uns der „Anschauung des Vaters" in der Heiligkeit seines Erbarmens näher. Die Kirche bekennt und verehrt das Erbarmen Gottes, so will es scheinen, auf besondere Weise, indem sie sich an Christi Herz wendet. Tatsächlich erlaubt uns gerade die Hinwendung zu Christus im Geheimnis seines Herzens, bei diesem Thema der Offenbarung, der erbarmenden

Liebe des Vaters, zu verweilen, das den innersten Kern der messianischen Sendung des menschgewordenen Gottessohnes ausmacht: ein zentraler Punkt und gleichzeitig der dem Menschen am leichtesten zugängliche.

Die Kirche lebt ein authentisches Leben, wenn sie *das Erbarmen bekennt* und verkündet — das am meisten überraschende Attribut des Schöpfers und des Erlösers — und wenn sie die Menschen zu den Quellen des Erbarmens des Heilandes führt, welche sie hütet und aus denen sie austeilt. Große Bedeutung kommt in diesem Zusammenhang der ständigen Betrachtung des Wortes Gottes zu und vor allem der bewußten, mit innerer Reife vollzogenen Feier *der Eucharistie und des Sakraments der Buße oder Versöhnung*. Die Eucharistie nähert uns ja immer mehr jener *Liebe,* die mächtiger ist als der Tod: „Sooft wir von diesem Brot essen und aus diesem Kelch trinken", verkünden wir nicht nur den Tod des Erlösers, sondern auch seine Auferstehung, „bis er kommt" in Herrlichkeit[114]. Die gleiche Eucharistiefeier, die zum Gedächtnis dessen gefeiert wird, der uns in seiner messianischen Sendung durch sein Wort und sein Kreuz den Vater geoffenbart hat, beweist die unerschöpfliche *Liebe,* durch die er immer danach strebt, sich mit uns zu verbinden und mit uns einszuwerden, indem er allen Menschenherzen entgegenkommt. Das Sakrament der Buße oder Versöhnung ebnet dabei den Weg zu jedem Menschen selbst dann, wenn er mit schwerer Schuld beladen ist. In diesem Sakrament kann jeder

Mensch auf einzigartige Weise das Erbarmen erfahren, das heißt die Liebe, die mächtiger ist als die Sünde. Darüber wurde bereits in der Enzyklika *Redemptor Hominis* gesprochen; es ist jedoch sinnvoll, noch einmal auf dieses grundlegende Thema einzugehen.

Gerade weil es die Sünde in der Welt gibt, die „Gott so sehr geliebt hat, daß er seinen einzigen Sohn hingab"[115], *kann* Gott, der „die Liebe"[116] ist, *sich nicht anders* denn als Erbarmen *offenbaren*. Dieses Erbarmen entspricht nicht nur der tiefsten Wahrheit jener Liebe, die Gott ist, sondern auch der ganzen inneren Wahrheit des Menschen und der Welt, seiner derzeitigen Heimat.

Das Erbarmen als solches ist als Vollkommenheit des unendlichen Gottes auch selbst unendlich. Unendlich und unerschöpflich ist daher die Bereitschaft des Vaters, die verlorenen Söhne aufzunehmen, die zu seinem Hause zurückkehren. *Unendlich sind die Bereitschaft und die Macht der Vergebung*, die unablässig aus dem wunderbaren Wert des Opfers des Sohnes hervorgehen. Keine menschliche Sünde kann diese Macht bezwingen oder auch nur einschränken. Von seiten des Menschen kann sie nur der Mangel an gutem Willen, der Mangel an Bereitschaft zur Bekehrung und zur Buße, also die hartnäckige Verstockung einschränken, die sich der Gnade und der Wahrheit widersetzt, besonders vor dem Zeugnis des Kreuzes und der Auferstehung Christi.

Die Kirche bekennt und verkündet also die Bekehrung. Die Bekehrung zu Gott ist immer ein *Ent-*

decken seines Erbarmens, jener Liebe also, die nach dem Maßstab des Schöpfers und Vaters langmütig und wohlwollend[117] ist: jener Liebe, der „der Gott und Vater Jesu Christi, unseres Herrn"[118], in der Geschichte des Bundes mit dem Menschen treu ist bis zum Äußersten, bis zum Kreuz, zum Tod und zur Auferstehung seines Sohnes. Die Bekehrung zu Gott ist immer Frucht des „Wiederfindens" dieses Vaters, der voll des Erbarmens ist.

Die wahre Kenntnis Gottes in seinem Erbarmen und seiner wohlwollenden Liebe ist eine ununterbrochene und nie versiegende Quelle der Bekehrung, die nicht als nur vorübergehender innerer Akt zu verstehen ist, sondern als ständige Haltung, als Zustand der Seele. Denn wer Gott auf diese Weise kennenlernt, ihn so „sieht", kann nicht anders, als in fortwährender Bekehrung zu ihm zu leben. Er lebt also *in statu conversionis*, im Zustand der Bekehrung; gerade diese Haltung stellt das tiefste Element der Pilgerfahrt jedes Menschen auf dieser Erde *in statu viatoris*, im Zustand des Unterwegsseins, dar. Selbstverständlich bekennt die Kirche das Erbarmen Gottes, das im gekreuzigten und auferstandenen Christus geoffenbart wurde, nicht nur mit den Worten ihrer Lehre, sondern vor allem mit dem lebendigen Pulsschlag des ganzen Volkes Gottes. Durch dieses Lebenszeugnis erfüllt die Kirche die dem Volk Gottes eigene Mission, die an der messianischen Sendung Christi teilhat und diese in gewissem Sinne fortsetzt.

Die Kirche von heute ist sich voll bewußt, daß sie

nur dann die aus der Lehre des Zweiten Vatikanischen Konzils entstehenden Aufgaben verwirklichen kann, wenn sie sich auf das Erbarmen Gottes stützt; das gilt in erster Linie von der ökumenischen Aufgabe, welche die Einheit aller anstrebt, die sich zu Christus bekennen. Indem die Kirche zahlreiche Bemühungen in diesem Sinn unternimmt, bekennt sie demütig, daß nur die *Liebe*, die mächtiger ist als die Schwäche der menschlichen Uneinigkeit, *jene Einheit endgültig verwirklichen kann*, um die Christus den Vater anflehte und die der Heilige Geist unablässig „mit Seufzen, das wir nicht in Worte fassen können"[119], erbittet.

14. Die Kirche sucht das Erbarmen zu verwirklichen

Jesus Christus hat gelehrt, daß der Mensch das Erbarmen Gottes nicht nur empfängt und erfährt, sondern auch berufen ist, an seinen Mitmenschen „Erbarmen zu üben": „Selig die Barmherzigen, denn sie werden Erbarmen finden"[120]. Die Kirche sieht in diesen Worten einen Aufruf zum Handeln und bemüht sich, Erbarmen zu üben. Obwohl alle Seligpreisungen der Bergpredigt den Weg der Bekehrung und der Lebensänderung weisen, ist die von den Barmherzigen hierin besonders sprechend. Der Mensch hat Zugang zur erbarmenden Liebe Gottes, zu seinem Erbarmen, im Maß und insofern er sich selbst innerlich von diesem Geist der Liebe zum Nächsten umwandeln läßt.

Dieser wahrhaft evangelische Prozeß ist mehr als eine ein für allemal verwirklichte geistliche Umkehr; er ist ein Lebensstil, ein wesentliches und immerwährendes Kennzeichen der christlichen Berufung. Er besteht in der ständigen Entdeckung und ausdauernden Verwirklichung der *Liebe als einigender und zugleich erhebender Kraft* — allen psychologisch oder sozial bedingten Schwierigkeiten zum Trotz; es handelt sich um eine *erbarmende Liebe,* die ihrem Wesen nach schöpferisch ist. Die erbarmende Liebe ist in den zwischenmenschlichen Beziehungen nie ein einseitiger Akt oder Prozeß. Selbst dort, wo allem Anschein nach nur ein Teil gibt und hingibt und der andere nur empfängt und nimmt (zum Beispiel im Fall des Arztes, der behandelt; des Lehrers, der unterrichtet; der Eltern, die die Kinder ernähren und erziehen; des Wohltäters, der die Bedürftigen unterstützt), wird tatsächlich auch der Geber immer zum Beschenkten. Auch kann er leicht selbst in die Lage dessen kommen, der empfängt, dem eine Wohltat zuteil wird, der die erbarmende Liebe erfährt, der Gegenstand von Erbarmen wird.
Der gekreuzigte *Christus* ist uns hierin im Höchstmaß Beispiel, Anregung und Aufruf. Auf dieses *ergreifende Vorbild* schauend, können wir in aller Demut den anderen Erbarmen erweisen, wohl wissend, daß Christus es als ihm selbst erwiesen annimmt[121]. Dieses Vorbild ins Auge fassend, müssen wir auch ständig all jene Handlungen und Absichten läutern, in denen wir das Erbarmen nur in einer Richtung, nur als Wohltat für den anderen auffas-

sen und üben, während ein echter Akt erbarmender Liebe die Überzeugung in uns voraussetzt, daß wir zugleich von denen Erbarmen empfangen, denen wir es erweisen. Fehlt diese Gegenseitigkeit, dann sind weder unsere Handlungen echte Akte des Erbarmens, noch hat sich in uns die Bekehrung restlos vollzogen, deren Weg uns Christus mit seinem Wort und Beispiel bis zum Kreuz gewiesen hat, noch haben wir schon vollen Anteil an dem *wunderbaren Quell der erbarmenden Liebe,* den er uns erschlossen hat.

So ist also der Weg, den Christus uns in der Bergpredigt mit der Seligpreisung der Barmherzigen gewiesen hat, viel reicher, als es manche allgemein übliche Ansichten über das Erbarmen wahrhaben wollen. Diese Ansichten sehen im Erbarmen einen Akt oder Vorgang, der nur in *eine* Richtung geht und zwischen dem, der es übt, und dem, der damit beschenkt wird, zwischen dem, der das Gute tut, und dem, der empfängt, einen Abstand voraussetzt und aufrecht erhält. Aus dieser Sicht ergibt sich die Anmaßung, die zwischenmenschlichen und sozialen Beziehungen vom Erbarmen zu befreien und ausschließlich auf die Gerechtigkeit zu gründen. Solchem Denken über das Erbarmen entgeht das fundamentale Band zwischen Erbarmen und Gerechtigkeit, von dem die ganze biblische Tradition und noch mehr die messianische Sendung Jesu Christi spricht. *Das echte Erbarmen ist sozusagen die tiefste Quelle der Gerechtigkeit.* Ist es der letzteren gegeben, zwischen den Menschen nach Gebühr „Recht zu sprechen", wenn sie die Sachgüter verteilen und tauschen, so ist die Liebe und nur die Liebe (auch jene gütige Liebe, die wir als „Erbarmen" bezeichnen) fähig, den Menschen sich selbst zurückzugeben.

Das wahrhaft christliche *Erbarmen* ist in gewisser Hinsicht auch *die vollkommenste Inkarnation* der „Gleichheit" unter den Menschen und daher auch die vollkommenste Inkarnation der *Gerechtigkeit*, insofern auch diese in ihrem Bereich das gleiche Ergebnis anstrebt. Die von der Gerechtigkeit bewirkte Gleichheit beschränkt sich jedoch auf den Bereich der äußeren, der Sachgüter, während Liebe und Erbarmen die Menschen dazu bringen, einander in dem Wert zu begegnen, den der Mensch selbst in der ihm eigenen Würde darstellt. Auch löscht die von der „langmütigen" und „gütigen"[122] Liebe geschaffene Gleichheit unter den Menschen die Unterschiede keineswegs aus: wer gibt, wird hochherziger, wenn er sich gleichzeitig von dem beschenkt fühlt, der seine Gabe empfängt; umgekehrt leistet der Empfänger, der die Gabe in dem Bewußtsein anzunehmen weiß, daß er mit diesem Annehmen etwas Gutes tut, seinerseits einen Beitrag in dem großen Anliegen der personalen Würde und hilft so, die Menschen in tiefere Verbindung zueinander zu bringen.

Mithin wird das Erbarmen zu einem unerläßlichen Element, sollen die Beziehungen der Menschen zueinander vom Geist höchster Achtung des wahrhaft Menschlichen und gegenseitiger Brüderlichkeit *ge-*

prägt werden. Es ist unmöglich, dieses Band unter den Menschen zu knüpfen, wenn ihre Beziehungen zueinander keinen anderen Maßstab kennen als den der Gerechtigkeit. Diese muß in allen Bereichen zwischenmenschlicher Beziehung *sozusagen eine tiefgreifende „Korrektur"* erfahren: durch die Liebe, welche nach dem Hohen Lied des heiligen Paulus „langmütig" und „gütig" ist oder, anders ausgedrückt, die für das Evangelium und das Christentum so wesentlichen Züge des *Erbarmens* trägt. Wir wollen darüber hinaus daran erinnern, daß die *erbarmende Liebe* auch jene herzliche *Zärtlichkeit und Empfindsamkeit* in sich schließt, die uns im Gleichnis vom verlorenen Sohn so eindrucksvoll vor Augen geführt wird[123] oder auch in denen vom verlorenen Schaf und von der verlorenen Drachme[124]. Am wenigsten darf die erbarmende Liebe zwischen denen fehlen, die einander am nächsten sind: Ehegatten, Eltern und Kinder, Freunde; unerläßlich ist sie auch im Erziehungswesen und in der Seelsorge.

Ihre Ausstrahlung reicht aber weiter. Wenn Paul VI. mehrmals von der „Kultur der Liebe"[125] als dem Ziel gesprochen hat, auf das alle Anstrengungen auf sozialem und kulturellem, wirtschaftlichem und politischem Gebiet ausgerichtet sein müssen, so ist hier hinzuzufügen, daß dieses Ziel unerreichbar bleibt, solange wir in den weiten und verflochtenen Bereichen des menschlichen Zusammenlebens mit unseren Entwürfen und Maßnahmen haltmachen bei „Auge für Auge und Zahn für Zahn"[126] und nicht

darum bestrebt sind, diesen Grundsatz umzuformen, zu ergänzen durch einen neuen Geist. In diese Richtung weist zweifellos auch das Zweite Vatikanische Konzil, wenn es wiederholt von der Notwendigkeit spricht, *die Welt menschlicher zu machen*[127], und die Mission der Kirche in der heutigen Welt eben in der Verwirklichung dieser Aufgabe sieht. Die Welt der Menschen kann nur dann immer menschlicher werden, wenn wir in den vielgestaltigen Bereich der zwischenmenschlichen und sozialen Beziehungen zugleich mit der Gerechtigkeit jene „erbarmende Liebe" hineintragen, welche die messianische Botschaft des Evangeliums ausmacht.
Die Welt der Menschen kann nur dann „immer menschlicher" werden, wenn wir in alle gegenseitigen Beziehungen, die ihr geistiges Antlitz prägen, das Element des Verzeihens einbringen, welches für das Evangelium so wesentlich ist. Das Verzeihen bezeugt, daß in der Welt *eine Liebe* gegenwärtig ist, die *stärker ist als die Sünde.* Es ist darüber hinaus die Grundbedingung für die Versöhnung, nicht nur in den Beziehungen zwischen Gott und dem Menschen, sondern auch in den gegenseitigen Beziehungen zwischen den Menschen. Eine Welt ohne Verzeihen wäre eine Welt kalter und ehrfurchtsloser Gerechtigkeit, in deren Namen jeder dem anderen gegenüber nur seine Rechte einfordert; so könnten die verschiedenen Formen des Egoismus, die im Menschen schlummern, das Leben und Zusammenleben der Menschen in ein System der Unterdrükkung der Schwächeren durch die Stärkeren oder in

einen Schauplatz ständigen Kampfes der einen gegen die anderen verwandeln.
Die Kirche muß es daher in jedem geschichtlichen Zeitalter, aber besonders in unserem als eine ihrer wichtigsten Aufgaben betrachten, das Geheimnis des Erbarmens, das uns in Christus aufstrahlt, *zu verkünden und ins Leben hineinzutragen.* Dieses Geheimnis ist nicht nur für die Kirche selbst als Gemeinschaft der Glaubenden, sondern in gewissem Sinn für alle Menschen *Quelle* eines Lebens, das grundverschieden ist von dem, welches der Mensch, seiner dreifachen Begehrlichkeit[128] überlassen, aufbauen könnte. Im Namen dieses Geheimnisses lehrt uns Christus, immer zu verzeihen. Wie oft wiederholen wir in dem Gebet, das er selbst uns gelehrt hat, die Bitte: „*Vergib uns* unsere Schuld, *wie auch wir vergeben* unseren Schuldigern", das heißt jenen, die uns gegenüber schuldig geworden sind[129]. Es ist wirklich schwer, den tiefen Wert der Haltung auszudrücken, welche diese Worte bezeichnen und uns ins Bewußtsein einprägen wollen. Wieviel sagen sie jedem Menschen über seinen Mitmenschen und auch über sich selbst! Das Wissen um die Tatsache, daß einer des anderen Schuldner ist, geht Hand in Hand mit der Berufung zur brüderlichen Solidarität, die der heilige Paulus in der prägnanten Einladung formuliert: „Ertragt einander in Liebe"[130]. Welches Programm der Demut gegenüber dem Menschen lehren uns diese Worte — sowohl dem Nächsten als auch sich selbst gegenüber! Welche Schule des guten Willens für das tägliche Zusammenleben in den ver-

schiedenen Umständen unseres Daseins sind sie! Was bleibt von allen „humanistischen“ Lebens- und Erziehungsprogrammen, wenn wir diese Lehre unbeachtet lassen?
Christus legt auf die Notwendigkeit, den anderen zu verzeihen, so großen Nachdruck, daß er Petrus auf die Frage, wie oft er dem Nächsten verzeihen müsse, die symbolische Zahl „siebenundsiebzigmal“[131] nennt und hiermit die Antwort gibt, daß er jedem und jedesmal verzeihen muß. Selbstverständlich *hebt* die Forderung, hochherzig zu *verzeihen, die objektiven Forderungen der Gerechtigkeit nicht auf*. Die richtig verstandene Gerechtigkeit ist sozusagen der Zweck des Verzeihens. An keiner Stelle der Frohen Botschaft bedeutet das Verzeihen, noch seine Quelle, das Erbarmen, ein Kapitulieren vor dem Bösen, dem Ärgernis, vor der erlittenen Schädigung oder Beleidigung. In jedem Fall sind Wiedergutmachung des Bösen und des Ärgernisses, Behebung des Schadens, Genugtuung für die Beleidigung Bedingungen der Vergebung.
So braucht also das Erbarmen als grundlegende Struktur immer die Gerechtigkeit. Aber es hat die Kraft, der Gerechtigkeit einen neuen Inhalt zu geben. Dieser findet seinen einfachsten und vollsten Ausdruck im Verzeihen. Es macht uns deutlich, daß es außer „Wiedergutmachung“ und „Waffenstillstand“ — Forderungen der Gerechtigkeit — auch die Liebe geben muß, wenn der Mensch Mensch bleiben soll. Daß die Forderungen der Gerechtigkeit erfüllt werden, ist eine Hauptbedingung dafür, daß

das Antlitz der Liebe aufleuchten kann. Schon beim Betrachten des Gleichnisses vom verlorenen Sohn haben wir die Aufmerksamkeit auf die Tatsache gelenkt, daß der, *der verzeiht, und der, dem verziehen wird,* einander in einem wesentlichen Punkt begegnen: in der Würde, im Ur-Wert des Menschseins, der nicht zerstört werden kann und dessen Entfaltung beziehungsweise Wiederfindung Quelle größter Freude ist[132].

Die Kirche betrachtet es mit Recht als ihre Pflicht, als Ziel ihrer Sendung, *die Echtheit des Verzeihens zu bewahren,* sowohl im Leben und Verhalten als auch in der Erziehung und Seelsorge. Sie tut das, indem sie seine *Quelle* bewahrt, das heißt das Geheimnis des in Jesus Christus offenbaren göttlichen Erbarmens.

Der Sendung der Kirche in all den Gebieten, auf die zahlreiche Aussagen des letzten Konzils und eine mehrhundertjährige Erfahrung im Apostolat verweisen, liegt nichts anderes zugrunde als das „Schöpfen aus den Quellen des Heilands"[133]. Dieses Schöpfen schenkt vielfache Orientierung für die Sendung der Kirche im Leben der einzelnen Christen, der einzelnen Gemeinschaften und auch der ganzen Gemeinschaft des Volkes Gottes; ein „Schöpfen aus den Quellen des Heilandes" kann einzig und allein im Geist jener Armut verwirklicht werden, zu welcher der Herr uns mit Wort und Beispiel aufruft: „Umsonst habt ihr empfangen, umsonst sollt ihr geben"[134]. So wird durch die evangelische Armut der Träger von Amt und Verwaltung sowie des ganzen Volkes, das „die großen Werke“ seines Herrn bezeugt, überall im Leben und Wirken der Kirche noch klarer sichtbar, daß Gott „reich an Erbarmen“ ist.

VIII.
Gebet der Kirche in unserer Zeit

15. Die Kirche ruft das göttliche Erbarmen an

Die Kirche bekennt die Wahrheit von Gottes Erbarmen, die im Gekreuzigten und Auferstandenen offenbar wurde, und verkündet sie auf verschiedene Weise. Darüber hinaus ist sie bestrebt, durch Menschen das Erbarmen mit dem Menschen Wirklichkeit werden zu lassen; sie sieht darin eine unerläßliche Voraussetzung der Bemühung um eine bessere und menschlichere Welt für heute und morgen. Dennoch darf die Kirche nie, in keinem Augenblick und keinem Abschnitt der Geschichte — insbesondere nicht in einer so kritischen Epoche wie der gegenwärtigen — *den Aufschrei* zu Gottes Erbarmen vergessen gegen die vielen Formen des Übels, welche drohend über der Menschheit lasten. Gerade das ist von ihrem Stifter her das fundamentale Recht und die fundamentale Pflicht der Kirche: Recht und Pflicht vor Gott und den Menschen. Je mehr das menschliche Bewußtsein der Säkularisierung erliegt und so den Sinn sogar für die Wortbedeutung von „Erbarmen" verliert, je mehr es sich von Gott entfernt und somit auch vom Geheimnis des Erbarmens, desto mehr *hat die Kirche das Recht und die Pflicht*, „mit lautem Schreien"[135] den Gott des Erbarmens anzu-

Hebr 5 7

rufen. Dieses „laute Schreien" muß gerade die Kirche unserer Zeit kennzeichnen; sie muß Gott anrufen um sein Erbarmen, dessen Offenbarwerden in Kreuz und Auferstehung, also im Paschamysterium, sie bekennt und verkündet. Dieses Geheimnis schließt die vollständigste Offenbarung des Erbarmens in sich, also jener Liebe, die stärker ist als der Tod, stärker als die Sünde und jedes Übel; jener Liebe, die den Menschen auch aus dem tiefsten Fall erhebt, auch von den schlimmsten Drohungen befreit.

Der zeitgenössische Mensch fühlt diese Drohungen. Das hierüber oben Gesagte ist nur eine Andeutung. Der Mensch von heute stellt sich oft die angsterfüllte Frage nach der Lösung der entsetzlichen Spannungen, die sich über der Welt zusammengeballt haben und das Leben der Menschen durchziehen. Und wenn er manchmal nicht *den Mut hat, das Wort „Erbarmen" auszusprechen,* oder in einem areligiösen Bewußtsein auch kein entsprechendes findet, *muß es die Kirche um so nachdrücklicher aussprechen,* nicht nur in ihrem eigenen Namen, sondern auch im Namen aller Menschen von heute.

Es ist also notwendig, daß alles, was ich in diesem Dokument über das Erbarmen sagte, *ununterbrochen zu einem inbrünstigen Gebet wird,* zu einem Aufschrei, der das göttliche Erbarmen anfleht entsprechend den Notwendigkeiten des Menschen in der Welt von heute. Dieser *Schrei muß die ganze Fülle der Wahrheit über das Erbarmen in sich tragen,* welche in der Heiligen Schrift und in der Tradition sowie im authentischen Glaubensleben so vieler Generationen des Volkes Gottes so reichen Ausdruck gefunden hat. Mit diesem Schrei wenden wir uns, wie die Beter des Alten Bundes, an Gott, der nichts von dem, was er geschaffen hat, verachten kann[136], der sich selbst, seinem Vater-Sein und seiner Liebe treu ist. Wie die Propheten bestürmen wir diese Liebe, die mütterliche Züge trägt und wie eine Mutter jedem ihrer Kinder, jedem verirrten Schäflein nachgeht, selbst wenn es Millionen solcher Verirrungen gäbe, selbst wenn das Unrecht in der Welt überhandnähme gegenüber dem Recht, selbst wenn die Menschheit von heute für ihre Sünden eine neue „Sintflut" verdiente, so wie einst die Generation Noachs eine Sintflut verdient hat. Nehmen wir unsere Zuflucht zu jener väterlichen Liebe, die uns von Christus in seiner messianischen Sendung offenbart wurde und die in seinem Kreuz, seinem Tod und seiner Auferstehung ihren Höhepunkt erreichte! Nehmen wir unsere Zuflucht durch Christus zu Gott, eingedenk der Worte Mariens im *Magnifikat,* die das Erbarmen „von Geschlecht zu Geschlecht" verkünden. Erflehen wir das göttliche Erbarmen für das „Geschlecht" von heute! Die Kirche, die sich bemüht, nach dem Vorbild Mariens den Menschen in Gott Mutter zu sein, bringt mit diesem Gebet ihre mütterliche Sorge und zuversichtliche Liebe zum Ausdruck, die ja das drängendste Motiv zum Beten sind.

Erheben wir unser *flehendes Gebet, geleitet vom Glauben, von der Hoffnung und der Liebe,* die

Christus unseren Herzen eingepflanzt hat. Diese Haltung ist gleichermaßen Liebe zu Gott, den der zeitgenössische Mensch oft weit von sich entfernt und sich entfremdet hat, den er in verschiedener Weise als für ihn „überflüssig" bezeichnet; *Liebe zu Gott,* deren verletzende Ablehnung durch den heutigen Menschen wir tief empfinden, wobei es uns drängt, mit Christus am Kreuz auszurufen: „Vater, vergib ihnen, denn sie wissen nicht, was sie tun"[137]. Diese Haltung der Fürbitte ist gleichzeitig *Liebe zu den Menschen,* zu allen Menschen ohne jede Ausnahme und ohne den geringsten Unterschied: ohne Unterschied nach Rasse, Kultur, Sprache und Weltanschauung, ohne Unterscheidung zwischen Freunden und Feinden; eine Liebe zu den Menschen, die das wahrhaft Gute für jeden einzelnen von ihnen wünscht und für jede menschliche Gemeinschaft, für jede Familie, jede Nation, jede Gesellschaftsgruppe, für die Jugendlichen, die Erwachsenen, die Eltern, die Greise, die Kranken: Liebe zu allen ohne Ausnahme. Das ist Liebe, eifrige Sorge, einem jeden jedes wahrhaft Gute zu sichern und jegliches Übel hinwegzunehmen und zu verhindern.

Und wenn so mancher Zeitgenosse den Glauben und die Hoffnung nicht teilt, die mich als Diener Christi und Verwalter der Geheimnisse Gottes[138] veranlassen, in dieser Stunde unserer Geschichte Gottes Erbarmen auf die Menschheit herabzurufen, suche er zumindest, *den Grund für diese meine Sorge* zu verstehen. *Sie ist von der Liebe zum Menschen eingegeben,* zu allem, was menschlich ist und was nach der Ahnung vieler unserer Zeitgenossen von einer Gefahr schrecklichen Ausmaßes bedroht ist. Dasselbe Geheimnis Christi, das uns die erhabene Berufung des Menschen enthüllt und das mich dazu gedrängt hat, in der Enzyklika *Redemptor Hominis* die unvergleichliche Würde des Menschen zu bekräftigen, verpflichtet mich gleichzeitig, das Erbarmen Gottes zu verkünden, seine im Geheimnis Christi geoffenbarte barmherzige Liebe. Ebendieses Geheimnis veranlaßt mich auch, in dieser schwierigen und kritischen Phase der Geschichte der Kirche und der Welt — gegen Ende des zweiten Jahrtausends — mich an dieses Erbarmen zu wenden und es herabzuflehen.

Im Namen Jesu Christi, des Gekreuzigten und Auferstandenen, im Geist seiner messianischen Sendung, die in der Geschichte der Menschheit fortdauert, *erheben wir unsere Stimme und bitten*, daß sich in diesem Abschnitt der Geschichte jene Liebe, die im Vater ist, noch einmal offenbare und durch das Wirken des Sohnes und des Heiligen Geistes ihre Anwesenheit in der Welt von heute deutlich mache und sich stärker als jedes Übel erweise: stärker als die Sünde und der Tod. Darum bitten wir durch die Fürsprache jener, die das „Erbarmen von Geschlecht zu Geschlecht" unaufhörlich verkündet, und auch all jener, an denen sich die Worte der Bergpredigt bis zur Vollendung verwirklicht haben: „Selig die Barmherzigen; denn sie werden Erbarmen finden"[139].

Bei der weiteren Erfüllung der großen Aufgabe, das Zweite Vatikanische Konzil in die Tat umzusetzen — in welchem wir mit Recht eine neue Phase der Selbstverwirklichung der Kirche erblicken, dem Zeitalter angemessen, in dem es uns zu leben bestimmt ist —, muß die *Kirche selbst* von der vollen Überzeugung geleitet sein, daß sie bei diesem Werk auf keinen Fall nur an sich denken darf. Ihr *ganzer Sinn* ist es ja, *Gott zu offenbaren,* jenen Vater, der sich uns in Christus „sichtbar" macht[140]. Selbst wenn der Widerstand der menschlichen Geschichte noch so nachhaltig, die Uneinheitlichkeit der zeitgenössischen Zivilisation noch so ausgeprägt, die Verneinung Gottes in der Welt der Menschen noch so verbreitet ist, muß die Nähe zu jenem Geheimnis, das von Ewigkeit her in Gott verborgen war und an dem der Mensch durch Christus wirklichen Anteil in der Zeit erhielt, um so größer sein.

Mit meinem Apostolischen Segen.

Gegeben in Rom, zu St. Peter, am 30. November 1980, dem ersten Sonntag im Advent, im dritten Jahr meines Pontifikates.

Joannes Paulus PP. II

Anmerkungen

1 Eph 2, 4.
2 Vgl. Joh 1, 18; Hebr 1, 1 f.
3 Joh 14, 8 f.
4 Eph 2, 4 f.
5 2 Kor 1, 3.
6 Pastoralkonstitution über die Kirche in der Welt von heute Gaudium et Spes, 22; AAS 58 (1966), S. 1042.
7 Vgl. ebd.
8 1 Tim 6, 16.
9 Röm 1, 20.
10 Joh 1, 18.
11 1 Tim 6, 16.
12 „Phil-anthropía“: Tit 3, 4.
13 Eph 2. 4.
14 Vgl. Gen 1, 28.
15 Pastoralkonstitution über die Kirche in der Welt von heute Gaudium et Spes, 9; AAS 58 (1966), S. 1032.
16 2 Kor 1, 3.
17 Mt 6, 4. 6. 18.
18 Vgl. Eph 3, 18; außerdem Lk 11, 5—13.
19 Lk 4, 18 f.
20 Lk 7, 19.
21 Lk 7, 22 f.
22 1 Joh 4, 8. 16.
23 Eph 2, 4.
24 Lk 15, 11—32.
25 Lk 10, 30—37.
26 Mt 18, 23—35.
27 Mt 18, 12—14; Lk 15, 3—7.
28 Lk 15, 8—10.
29 Mt 22, 38.
30 Mt 5, 7.
31 Vgl. Ri 3, 7—9.
32 Vgl. 1 Kön 8, 22—53.
33 Vgl. Mich 7, 18—20.

34 Vgl. Jes 1, 18; 51, 4–16.
35 Vgl. Bar 2, 11 - 3, 8.
36 Vgl. Neh 9.
37 Vgl. z. B. Hos 2, 21–25 und 15; Jes 54, 6–8.
38 Vgl. Jer 31, 20; Ez 39, 25–29.
39 Vgl. 2 Sam 11; 12; 24, 10.
40 Ijob passim.
41 Est 4, 17^{k} ff.
42 Vgl. z. B. Neh 9, 30–32; Tob 3, 2 f; 8, 16 f; 1 Makk 4, 24.
43 Vgl. Ex 3, 7 f.
44 Vgl. Jes 63, 9.
45 Ex 34, 6.
46 Vgl. Num 14, 18; 2 Chr 30, 9; Neh 9, 17; Ps 86 (85), 15; Weish 15, 1; Sir 2, 11; Joël 2, 13.
47 Vgl. Jes 63, 16.
48 Vgl. Ex 4, 22.
49 Vgl. Hos 2, 3.
50 Vgl. Hos 11, 7–9; Jer 31, 20; Jes 54, 7 f.
51 Ps 103 (102) und 145 (144).
52 Die Bücher des Alten Testaments bedienen sich, um den Begriff „Erbarmen" auszudrücken, vor allem zweier Wörter, die verschiedene semantische Nuancen aufweisen. Da ist vor allem das Wort hesed, das eine tief verwurzelte Haltung von Güte bezeichnet. Wenn sich diese zwischen zwei Menschen entwickelt, sind sie nicht nur einander wohlwollend gesinnt, sondern auch einander treu, und zwar aufgrund einer inneren Verpflichtung, also auch aufgrund einer Treue zu sich selbst. Wenn hesed auch „Gnade" oder „Liebe" bedeutet, dann eben aufgrund dieser Treue. Die Tatsache, daß die besagte Verpflichtung nicht nur moralischer, sondern fast rechtlicher Art ist, ändert daran nichts. Wenn im Alten Testament der Ausdruck hesed auf den Herrn bezogen wird, geschieht das immer im Zusammenhang mit dem Bund, den Gott mit Israel geschlossen hat. Dieser Bund war von seiten Gottes eine Gabe und ein Gnadenerweis für Israel. Dennoch bekam hesed – weil sich Gott um des geschlossenen Bundes willen verpflichtet hatte, diesen einzuhalten – in gewissem Sinn rechtlichen Charakter. Die rechtliche Verpflichtung von seiten Gottes trat außer

Kraft, wenn Israel den Bund brach und dessen Bedingungen mißachtete. Doch gerade dann enthüllte hesed, nun keine rechtliche Verpflichtung mehr, seinen tiefsten Sinn in seiner anfänglichen Bedeutung: Liebe, die schenkt; Liebe, die stärker ist als der Verrat; Gnade, die stärker ist als die Sünde.

Diese Treue zur untreuen „Tochter meines Volkes" (vgl. Klgl 4, 3. 6) ist letzten Endes von seiten Gottes Treue zu sich selbst. Das ergibt sich klar vor allem aus der häufigen Wiederkehr des Wortpaares hesed we'^{e}met (= Gnade und Treue), das man als Hendiadyoin betrachten könnte (vgl. z. B. Ex 34, 6; 2 Sam 2, 6; 15, 20; Ps 25 (24), 10; 40 (39), 11 f.; 85 (84), 11; 138 (137), 2; Mich 7, 20). „Nicht euretwegen handle ich, Haus Israel, sondern um meines heiligen Namens willen" (Ez 36, 22). Wenngleich also auch Israel, schuldbeladen durch den Bundesbruch, auf Gottes hesed keinen rechtlichen Anspruch hat, so darf und muß es doch weiter hin darauf hoffen und vertrauen, da der Gott des Bundes wahrhaft „seiner Liebe verantwortlich" ist. Frucht einer solchen Liebe sind die Verzeihung, die Wiederaufnahme in die Beziehung der Huld und Gnade und die Erneuerung des inneren Bundes.

Das zweite Wort, das in der Terminologie des Alten Testaments zur Bezeichnung des Erbarmens dient, ist rah^{a}mim. Es hat eine andere Nuance als hesed. Während letzteres die Treue zu sich selbst und die „Verantwortung der eigenen Liebe gegenüber" (in gewisser Hinsicht männliche Charakterzüge) hervorhebt, läßt rah^{a}mim schon von der Wortwurzel her die Mutterliebe anklingen (rehem = Mutterschoß). Der tiefsten und ursprünglichsten Verbundenheit, ja Einheit der Mutter mit dem Kind entspringt eine besondere Beziehung zu ihm, ein besondere Liebe. Diese Liebe kann man als völlig ungeschuldet bezeichnen, ist sie doch nicht Lohn für ein Verdienst; insofern stellt sie eine innere Notwendigkeit dar, einen „Zwang" des Herzens. Sie ist eine gleichsam „weibliche" Variante der männlichen Treue zu sich selbst, wie sie in hesed anklingt. Auf diesem psychologischen Hintergrund entfaltet sich rah^{a}mim in eine ganze Reihe von Gefühlen, so etwa Güte und

Zärtlichkeit, Geduld und Verständnis, das heißt Bereitschaft zur Verzeihung.

Das Alte Testament schreibt dem Herrn eben diese Charakterzüge zu, wenn es auf ihn den Ausdruck rah^{a}min anwendet. So lesen wir bei Jesaja: „Kann denn eine Frau ihr Kind vergessen, eine Mutter ihren eigenen Sohn? Und selbst, wenn sie ihr Kind vergessen würde: Ich vergesse dich nicht“ (Jes 49, 15). Diese Liebe, die dank der geheimnisvollen Kraft der Mutterschaft treu und unüberwindlich ist, wird in den alttestamentlichen Texten verschiedenartig ausgedrückt: als Rettung aus Gefahren, insbesonders von Feinden, als Vergebung der Sünden — der Einzelnen und des ganzen Volkes Israel — und schließlich als die Entschlossenheit, die (endzeitliche) Verheißung und Hoffnung trotz aller menschlichen Untreue zu erfüllen, wie wir bei Hosea lesen: „ich will ihre Untreue heilen und sie in Großmut wieder lieben“ (Hos 14, 5).

In der Terminologie des Alten Testamentes finden wir noch andere Ausdrücke, die sich in verschiedener Weise auf denselben Grundinhalt beziehen. Die beiden vorhin erwähnten verdienen jedoch besondere Aufmerksamkeit. In ihnen tritt klar der ursprüngliche anthropomorphe Aspekt hervor: die Verfasser der biblischen Schriften verwenden, um das göttliche Erbarmen zu beschreiben, Ausdrücke, die dem Bewußtsein und der Erfahrung ihrer Zeitgenossen entsprechen. Die griechische Terminologie der Septuaginta-Übersetzung ist weniger reich als die hebräische und bietet daher nicht alle semantischen Nuancen, die den Originaltext kennzeichnen. Auf jeden Fall baut das Neue Testament auf dem Reichtum und der Tiefe auf, die bereits dem Alten eigen waren.

Auf diese Weise erben wir vom Alten Testament — gleichsam in einer besonderen Synthese — nicht nur den Reichtum der Ausdrücke dieser Bücher zur Beschreibung des göttlichen Erbarmens, sondern auch eine spezifische, selbstverständlich anthropomorphe „Psychologie“ Gottes: das Bild seiner sich sorgenden Liebe, die sich angesichts des Übels — insbesondere der Sünde des Menschen und des Volkes — als Erbarmen kundtut. Die-

ses Bild besteht aus dem eher allgemeinen Inhalt des Verbums hãnan, aber auch aus dem von hesed und von rahamim. Das Wort hãnan drückt etwas Umfassenderes aus: den Erweis der Gnade, worin gleichsam eine ständige Bereitschaft zu Hochherzigkeit, Güte und Milde eingeschlossen ist.
Außer diesen grundlegenden semantischen Elementen schließt der Begriff des Erbarmens im Alten Testament auch den Bedeutungsgehalt des Wortes Hãmal ein, das wörtlich „(den besiegten Feind) verschonen" bedeutet, aber auch „Verzeihen und Mitleid bezeugen", und infolgedessen Vergebung und Nachlaß der Schuld. Auch das Wort hus drückt Verzeihen und Mitleid aus, aber vor allem in gefühlsmäßigem Sinn. Diese Ausdrücke treten in den biblischen Texten seltener zur Bezeichnung des Erbarmens auf. Außerdem ist das bereits erwähnte Wort 'emet hervorzuheben, das in erster Linie „Solidität, Sicherheit" bedeutet (im Griechischen der Septuaginta: „Wahrheit") und dann „Treue", so daß es sich mit dem semantischen Inhalt des Wortes hesed zu verbinden scheint.

53 Ps 40, 11; 98, 2 f; Jes 45, 21; 51, 5. 8; 56, 1.
54 Weish 11, 24.
55 1 Joh 4, 8. 16.
56 Jer 31, 3.
57 Jes 54, 10.
58 Jon 4, 2. 11; Ps 145, 9; Sir 18, 8—14; Weish 11, 23—12, 1.
59 Joh 14, 9.
60 In beiden Fällen handelt es sich um hesed, also um die Treue Gottes zur eigenen Liebe gegenüber seinem Volk, um die Treue zu den Verheißungen, die eben in der Mutterschaft der Gottesmutter ihre endgültige Erfüllung finden werden (vgl. Lk 1, 49—54).
61 Vgl. Lk 1, 72. — Auch in diesem Fall handelt es sich um Erbarmen im Sinn von hesed, während in den folgenden Sätzen, in denen Zacharias von der „barmherzigen Liebe unseres Gottes" spricht, eindeutig die zweite Bedeutung, die von rahamim (lateinische Übersetzung: viscera misericordiae), zum Ausdruck gebracht wird, welche das göttliche Erbarmen eher mit der mütterlichen Liebe identifiziert.

62 Vgl. Lk 15, 11–32.
63 Lk 15, 18 f.
64 Lk 15, 20.
65 Lk 15, 32.
66 Vgl. Lk 15, 3–6.
67 Vgl. Lk 15, 8 f.
68 1 Kor 13, 4–8.
69 Vgl. Röm 12, 21.
70 . . ., „dem ein solcher, so großer Erlöser beschieden war“. Vgl. Liturgie der Osternacht: „Exsultet“.
71 Apg 10, 38.
72 Mt 9, 35.
73 Vgl. Mk 15, 37; Joh 19, 30.
74 Jes 53, 5.
75 2 Kor 5, 21.
76 Ebd.
77 Nizänisch-konstantinopolitanisches Glaubensbekenntnis.
78 Joh 3, 16.
79 Vgl. Joh 14, 9.
80 Mt 10, 28.
81 Phil 2, 8.
82 2 Kor 5, 21.
83 Vgl. 1 Kor 15, 54 f.
84 Vgl. Lk 4, 18–21.
85 Vgl. Lk 7, 20–23.
86 Vgl. Jes 35, 5; 61, 1–3.
87 1 Kor 15, 4.
88 Offb 21, 1.
89 Offb 21, 4.
90 Vgl. ebd.
91 Offb 3, 20.
92 Vgl. Mt 24, 35.
93 Vgl. Offb 3, 20.
94 Mt 25, 40.
95 Mt 5, 7.
96 Joh 14, 9.
97 Röm 8, 32.
98 Mk 12, 27.
99 Joh 20, 19–23.
100 Vgl. Ps 89 (88), 2.
101 Lk 1, 50.

102 Vgl. 2 Kor 1, 21 f.
103 Lk 1, 50.
104 Vgl. Ps 85 (84), 11.
105 Lk 1, 50.
106 Vgl. Lk 4, 18.
107 Vgl. Lk 7, 22.
108 Dogmatische Konstitution über die Kirche Lumen Gentium, 62; AAS 57 (1965), S. 63.
109 Pastoralkonstitution über die Kirche in der Welt von heute Gaudium et Spes, 10; AAS 58 (1966), S. 1032.
110 Ebd.
111 Mt 5, 38.
112 Vgl. Joh 14, 9 f.
113 Ebd.
114 Vgl. 1 Kor 11, 26; Anrufung im „Missale Romanum".
115 Joh 3, 16.
116 1 Joh 4, 8.
117 Vgl. 1 Kor 13, 4.
118 2 Kor 1, 3.
119 Röm 8, 26.
120 Mt 5, 7.
121 Vgl. Mt 25, 34—40.
122 Vgl. 1 Kor 13, 4.
123 Vgl. Lk 15, 11—32.
124 Vgl. Lk 15, 1—10.
125 Vgl. z. B. Insegnamenti di Paolo VI, XIII (1975), S. 1568 (Schlußwort zum Heiligen Jahr, 25. 12. 1975).
126 Mt 5, 38.
127 Vgl. Pastoralkonstitution über die Kirche in der Welt von heute Gaudium et Spes, 40; AAS 58 (1966), S. 1057 bis 1059; Paul VI., Apostolisches Schreiben Paterna cum benevolentia, bes. Nr. 1 und 6; AAS 67 (1975), S. 7—9, 17—23.
128 Vgl. 1 Joh 2, 16.
129 Mt 6, 12.
130 Eph 4, 2; vgl. Gal 6, 2.
131 Mt 18, 22.
132 Vgl. Lk 15, 32.
133 Vgl. Jes 12, 3.
134 Mt 10, 8.
135 Vgl. Hebr 5, 7.

136 Vgl. Weish 11, 24; Ps 145 (144), 9; Gen 1, 31.
137 Lk 23, 24.
138 Vgl. 1 Kor 4, 1.
139 Mt 5, 7.
140 Vgl. Joh 14, 9.

Inhaltsübersicht

I. Wer mich sieht, sieht den Vater (vgl. Joh 14, 9)

1. Die Offenbarung des Erbarmens 7
2. Die Inkarnation des Erbarmens 10

II. Die messianische Botschaft

3. Als Christus zu wirken und zu lehren begann 14

III. Das Alte Testament

4. Der Begriff „Erbarmen" hat im Alten Testament seine lange und reiche Geschichte 19

IV. Das Gleichnis vom verlorenen Sohn

5. Der Vergleich 26
6. Die Betonung der menschlichen Würde 30

V. Das Paschamysterium

7. Das Erbarmen wird in Kreuz und Auferstehung offenbar 35
8. Die Liebe ist stärker als Tod und Sünde 40
9. Die Mutter des Erbarmens 45

VI. „Erbarmen . . . von Geschlecht zu Geschlecht"

10. Das Bild „unseres Geschlechtes, unserer Generation" 50
11. Quellen der Unruhe 53
12. Genügt die Gerechtigkeit? 57

VII. Das Erbarmen Gottes in der Sendung der Kirche

13. Die Kirche bekennt und verkündet das Erbarmen Gottes 62

14. Die Kirche sucht das Erbarmen zu verwirklichen 67

VIII. Gebet der Kirche in unserer Zeit

15. Die Kirche ruft das göttliche Erbarmen an 77

Anmerkungen 83

Von Papst Johannes Paul II. sind im Johannes-Verlag Leutesdorf erschienen:

Der Erlöser des Menschen

Enzyklika „Redemptor Hominis"

1979. 118 Seiten. Taschenbuchformat. Kartoniert

Bestellnummer: T 81

ISBN 3-7794-0722-1

Über die Katechese in unserer Zeit

Apostolisches Schreiben „Catechesi Tradendae" vom 16. Oktober 1979

1979. 118 Seiten. Taschenbuchformat. Kartoniert

Bestellnummer: K 512

ISBN 3-7794-0748-5

Über das Geheimnis und die Verehrung der heiligsten Eucharistie

Schreiben an alle Bischöfe der Kirche vom 24. Februar 1980

1980. 60 Seiten. Geheftet

Bestellnummer: E 392

ISBN 3-7794-0767-1

Zu beziehen durch die *KSM*
Katholische Schriften-Mission, D-5451 Leutesdorf